# EXPLICANDO EL *TRACTATUS*

# Alejandro Tomasini Bassols

## EXPLICANDO EL *TRACTATUS*
Una introducción a la primera filosofía de Wittgenstein

**Herder**

Diseño de cubierta: Claudio Bado
Formación electrónica: Marco Bautista
Revisión ortotipográfica a cargo del autor.

Esta obra se terminó de imprimir y encuadernar en 2017
en los talleres de Eddel Graph S.A. de C.V.

Primera edición: Buenos Aires, Grama Ediciones, 2011 (Serie Filosofías Breves)

Segunda edición
© 2017, Editorial Herder
Libros de Sawade, S. de R.L. de C.V.
Tehuantepec 50, colonia Roma Sur
C.P. 06760, Ciudad de México

© 2016, Alejandro Tomasini Bassols


ISBN (México): 978-607-7727-62-0
ISBN (España): 978-84-254-4045-8

Impreso en México / Printed in Mexico


**Herder**
**www.herder.com.mx**

# ÍNDICE

No te llames filósofo ambicioso,
ni entre los ignorantes
hables de las cuestiones importantes

*Don Francisco de Quevedo y Villegas*

I

# Introducción

Sin duda alguna, el famoso libro *Tractatus Logico-Philosophicus*, de Ludwig Wittgenstein, es una de las más valiosas joyas de la filosofía universal. Sintetiza de un modo único e inigualable un sinnúmero de cualidades que en múltiples ocasiones encontramos diseminadas en otras obras, pero ciertamente muy rara vez concentradas en una sola. Aunque escrito hace casi un siglo, el *Tractatus* sigue siendo un libro de vanguardia, pletórico de ideas a la vez novedosas y atrevidas, de pensamientos radicales y profundos, filosóficamente ambicioso en grado sumo, con un programa claramente discernible y con objetivos perfectamente identificados, redactado en un estilo hermoso, único y resultado de un pensar que no se deja desviar de su objeto de investigación. Por ello, el *Tractatus* es también un libro escrito con una gran pasión así como, hay que decirlo, una obra que en gran medida sigue siendo incomprendida.

Frente a un libro como el descrito, el reto de quien aspira a explicar su contenido es obviamente mayúsculo. Me parece, por ello, que para que una faena así tenga visos de éxito es crucial fijarse de entrada objetivos concretos y alcanzables. Por lo pronto, puedo de inmediato señalar dos. Yo creo que cualquier exposición de las ideas del libro tiene que hacer de éste un texto, primero, congruente y, segundo, inteligible. Y hay quizá un tercero, a saber, la exposición tiene que ser tal que el libro resulte también convincente. Ahora bien, yo no tengo la menor duda de que el *Tractatus* ciertamente es todo eso, pero sé también que es un libro difícil, por lo que los objetivos en cuestión se alcanzan sólo si la presentación es nítida, si las reconstrucciones de los puntos de vista de Wittgenstein resultan transparentes, si los argumentos que se ofrezcan se dejan seguir fácilmente y no son claramente falaces. Éstas son condiciones que probablemente valgan para cualquier exposición de cualquier texto filosófico clásico y son importantes, pero se trata de condiciones, por así llamarlas, 'formales'. Aunque necesarias, no son suficientes. De ahí que, por lo menos en este caso, habría que añadir una más, una condición que concierne al contenido del libro. En efecto, dadas sus características, resulta imprescindible disponer de una interpretación general, de un hilo conductor para poder confirmar la congruencia de sus distintas partes, así como la inteligibilidad de multitud de pensamientos sueltos. La comprensión del *Tractatus* exige, así me lo parece, un marco heurístico dentro del cual se puedan posteriormente ir acumulando las explicaciones referentes a las diversas partes del texto. La pregunta es: ¿lo tenemos?

Obviamente, uno de mis objetivos en este trabajo es proponer y defender un marco así y mi propuesta, mi hilo de Ariadna para poder salir victorioso de ese peculiar laberinto que es el *Tractatus*, es el siguiente: un poco a la manera de la filosofía cartesiana que se funda en dos grandes verdades, *viz.*, 'pienso, luego existo' y 'Dios existe', la filosofía del *Tractatus* tiene dos grandes pilares, que no son dos verdades sino más bien dos enfoques, dos columnas sobre las cuales se erige el todo de la filosofía contenida en el libro: está, por una parte, lo que podría llamarse la 'perspectiva lógica', esto es, el estudio lógico de todo aquello de lo que Wittgenstein se ocupa (la realidad, el lenguaje, la ciencia, las matemáticas, los valores, etc.) y, por la otra, está el punto de vista de la primera persona. Ambos elementos exigen unas cuantas palabras a manera de aclaración.

Que la filosofía del *Tractatus* es el paradigma de lo que podríamos denominar el 'enfoque lógico' es algo que se hace sentir en muchas de las formulaciones del texto, pero sobre todo conforma una perspectiva que, cuando se le adopta, permite dar cuenta satisfactoriamente de cualquiera de los pronunciamientos relevantes del texto. Por ejemplo, en muchas ocasiones Wittgenstein emplea la expresión 'en lógica' cuando es evidente que no se está refiriendo a lo que normalmente nosotros llamamos 'lógica'. Por ejemplo, en 2.012 afirma: "En lógica nada es casual: si una cosa puede formar parte de un hecho simple, la posibilidad del hecho simple tiene que estar ya prejuzgada en la cosa." [1] ¿Qué tiene que ver la lógica con los rasgos necesarios de los hechos y de los objetos? *Prima facie* nada. Pero el pronunciamiento se aclara de inmediato si en lugar de "En lógica" decimos "En el estudio lógico de la realidad...". Qué quiera decirse con esto es algo sobre lo que abundaremos más adelante, pero por el momento mi interés se reduce a ilustrar lo que es el enfoque lógico, puramente formal y abstracto, adoptado en el *Tractatus*: al hablar de los hechos y de los objetos, Wittgenstein no habla de clases de hechos u objetos, de (por así decirlo) hechos y objetos concretos, sino de los rasgos esenciales de cualquier cosa que quede identificada como hecho o como objeto. Un ejemplo nos será aquí útil. En 2.0121, Wittgenstein sostiene: "La lógica lidia con todas las posibilidades y todas las posibilidades son sus hechos." [2] En

---

[1] L. Wittgenstein, *Tractatus Logico-Philosophicus* (London: Routledge and Kegan Paul, 1958), 2.012.

[2] *Ibid.*, 2.0121 (c).

la concepción estándar de la lógica, ésta básicamente se compone de cálculos, de sistemas formales, dentro de los cuales se efectúan deducciones y en relación con los cuales se prueban diversas propiedades. Pero obviamente no es de nada así de lo que aquí habla Wittgenstein. Aquí él claramente está vinculando el reino de lo lógico con el reino de lo factual, la lógica con la factualidad. O sea, Wittgenstein quiere decirnos algo acerca de la realidad cuando ésta es enfocada desde la perspectiva de la lógica, esto es, desde el punto de vista más abstracto posible. Ejemplos así podemos dar más, pero los que hemos proporcionado bastan como ilustración de nuestra tesis. Por otra parte, se puede argumentar también en favor del "enfoque lógico" si entramos en los detalles de la discusión wittgensteiniana. Las primeras secciones del libro son, una vez más, sumamente útiles a este respecto. Como se sabe, se han vertido toneladas de tinta tratando de mostrar que los objetos de los cuales se habla en el *Tractatus* son entidades ideales, trascendentales, materiales, físicas, del sentido común, etc. Pero cualquiera de esas lecturas presupone que Wittgenstein efectivamente está tratando de desarrollar una ontología, una teoría filosófica, una metafísica. El problema con esto es que eso es precisamente **lo que Wittgenstein explícitamente repudia**. Por lo tanto, lecturas que pretendan concederle a los objetos del *Tractatus* alguna clase de sustancialidad no cumplen con uno de los requisitos fundamentales que nos auto-impusimos, a saber, el de hacer del libro un texto coherente. Por lo tanto, tenemos que rechazar toda tentación de ver en las primeras secciones del *Tractatus* una ontología, en el sentido tradicional del término. El enfoque lógico por el que aquí abogamos, en cambio, no tiene ese inconveniente. En efecto, desde esta perspectiva lo único que Wittgenstein hace es darnos los rasgos necesarios de cualquier objeto posible, de la clase que sea (entendiendo por 'objeto', desde luego, el significado de un nombre, en el sentido del *Tractatus*). De hecho, como bien lo sugiere Max Black en su conocido texto,[3] el título mismo nos da la pauta para captar su orientación general: '*Tractatus Logico-Philosophicus*' quiere decir algo así como 'tratado de filosofía que tiene como base o fundamento a la lógica'. A reserva de ampliar la propuesta en los distintos capítulos de este pequeño libro, creo que podemos sostener que, por lo menos a primera vista, la idea de un estudio puramente formal de la realidad no sólo no es descabellada, sino que suena plausible.

Pienso que lo mismo pasa con el segundo de los pilares mencionados. Como fácilmente puede constatarse, es precisamente porque lo que caracteriza al *Tractatus* es un enfoque puramente formal que todo lo

---

[3]  M. Black, *A Companion to Wittgenstein's* Tractatus (Cambridge: Cambridge University Press, 1964), p. 23.

empírico cae fuera de su horizonte temático, que no es ni puede ser del interés de Wittgenstein *qua* filósofo. Ello explica por qué en el *Tractatus* no hay lugar ni siquiera para la teoría del conocimiento (*cf.*, 4.1121), mucho menos para consideraciones de orden histórico, político o, más en general, social. Al delinear su teoría del lenguaje, Wittgenstein no está pensando primeramente en la comunicación y en cómo explicarla. Lo único que está presente es el sujeto pensante. Es a partir de lo que la lógica permite decir referente a la "experiencia inmediata" (enunciar sus condiciones, por ejemplo) que Wittgenstein habla del "yo". Es interesante enterarse de que Wittgenstein es uno de los pocos solipsistas consistentes que registra la historia de la filosofía. Naturalmente, como veremos, él defiende una versión particular (yo la llamaría 'sensata') de solipsismo, no la variante de solipsismo que parece más bien una tesis de enfermo mental y que de hecho nadie hace suya. Por una serie de razones que en su momento ofreceremos, la posición de Wittgenstein consiste más o menos en asumir que lo que él dice vale para todos, puesto que lo único que está haciendo es enunciar las condiciones lógicas o necesarias de la auto-conciencia, la experiencia, etc., y si bien es obvio que no todo mundo puede acometer semejante empresa, es decir, no todo mundo está capacitado para dar expresión a dichas condiciones, ello no quiere decir que no se reconozca en lo que Wittgenstein asevera lo que uno hubiera querido decir si hubiera sabido cómo. Si de lo que Wittgenstein habla es ante todo de la lógica y desde una perspectiva lógica y, por otra parte, él es el microcosmos, entonces sí está justificado en pensar que él puede hablar en nombre de todos y para todos. Por otra parte, el solipsismo del *Tractatus* es importante porque está directamente vinculado con el tema general de lo que tiene un valor *per se* (moral y estético) y no meramente instrumental. Como intentaré hacer ver, lo que en este sentido Wittgenstein tiene que decir es totalmente novedoso a la vez que subyugante.

Hablamos de lógica, por lo que algo tenemos que decir al respecto a manera de presentación general. Por razones harto conocidas, es incuestionable que en el *Tractatus* Wittgenstein trabaja dentro del marco conformado por la lógica de Bertrand Russell. No obstante, su filosofía de la lógica ya no es russelliana, sino propia. Más aún: me atrevo a decir que la filosofía de la lógica constituye el núcleo, la parte medular o central de la filosofía del *Tractatus*. Como argumentaré en su momento, si algo es el *Tractatus Logico-Philosophicus* es ser un libro de filosofía de la lógica. Todos los demás temas son subsidiarios a éste. Por otra parte, si bien es cierto que Wittgenstein comparte algunos puntos de vista con sus antecesores en esta área, esto es, con Frege y con Russell, y que de hecho presupone sus aportaciones, la filosofía wittgensteiniana de la lógica es mucho muy superior, mucho más rica y refinada que las de sus ilustres maestros. Como veremos posteriormente más en detalle, la posición de Wittgenstein es sumamente original y atractiva. Por ejemplo, él acepta la Teoría de las Descripciones de Russell, no así su Teoría de los Tipos Lógicos; hace suyos ciertos principios de la semántica de Frege (el principio contextual, por ejemplo), pero somete las posiciones de Frege a un feroz y destructor ataque.[4] Wittgenstein defiende una posición absolutista, como sin duda Frege lo hizo, sólo que Wittgenstein es tan consistente en su concepción que la lleva hasta sus últimas consecuencias, desembocando en una increíble paradoja, una paradoja insoluble en el marco de los presupuestos de la filosofía del *Tractatus*. Me refiero, claro está, a la paradoja expresada en 6.4 y que culmina en la doctrina de lo indecible, de lo que no puede ser puesto en palabras, de lo inexpresable. Yo pienso que dicha paradoja tiene una clara explicación, así como una solución, si bien (como espero hacer ver) hay un precio alto que pagar por ella. De esta temática nos ocuparemos en el último capítulo.

---

[4]  Véase, por ejemplo, mi artículo "Frege y el *Tractatus*" en mi libro *Estudios sobre las Filosofías de Wittgenstein* (México: Plaza y Valdés, 2003).

Con lo que hemos dicho, disponemos de un cuadro sumamente general de la filosofía del *Tractatus*, pero que nos será muy útil tenerlo presente desde las primeras páginas. Entendemos ahora por qué en el libro hay una versión de atomismo **lógico**, por qué la así llamada 'Teoría Pictórica' en el fondo no es más que la teoría **lógica** del lenguaje, por qué la teoría de la verdad que Wittgenstein hace suya no es otra cosa que la teoría **lógica** de la verdad (transmutada en manos de A. Tarski en "teoría semántica de la verdad"), por qué lo que se nos ofrece es una teoría **lógica** de los números, y así sucesivamente. Sostengo, pues, que con mi propuesta de dos columnas, *i.e.*, la de la lógica y la de la primera persona, el libro de Wittgenstein adquiere un perfil agudo, bien delineado, comprensible. Esto, obviamente, no es más que un marco general para los pensamientos vertidos en el libro, un hilo conductor, como dije más arriba.

Aunque ciertamente no tendría el menor sentido decir que lo que se plasma en el *Tractatus Logico-Philosophicus* es un sistema filosófico, sí podemos afirmar que dicho libro contiene pronunciamientos filosóficos decisivos sobre todos los temas que en él se abordan y de los cuales, se supone, habrá de emerger la visión correcta sobre ellos. El objetivo del libro está explícitamente enunciado por el autor mismo: de lo que se trata es de mostrar que los problemas de la filosofía brotan de ciertas incomprensiones por parte de nosotros, los hablantes. Como argumentaré en su momento, sencillamente no forma parte de la perspectiva de Wittgenstein defender la idea de que el lenguaje natural es, en algún sentido profundo o importante, esencialmente defectuoso. Al contrario, como oportunamente nos los recuerda: "De hecho así como están, todas las proposiciones de nuestro lenguaje usual están, desde un punto de vista lógico, totalmente en orden."[5] Lo que con esto se nos está diciendo es, por lo menos en parte, que los problemas de comprensión que surgen no se deben a que nuestro lenguaje sea un instrumento mal construido, sino más bien a que está regido por reglas tan difíciles de aprehender, tan elusivas, que o las desconocemos o las interpretamos mal, de manera que constantemente nos equivocamos con respecto al significado real de lo que decimos. En última instancia, por lo tanto, el problema está en nuestra deficiente inteligencia, no en el lenguaje natural mismo. En general, lo que se hace frente a nuestras dificultades conceptuales y de comprensión es tratar de salir de ellas mediante la construcción de una teoría filosófica, según la clase de problema filosófico que uno enfrente (*i.e.*, una metafísica para problemas de metafísica, una teoría del conocimiento para problemas epistemológicos, una ética para problemas mora-

---

[5] L. Wittgenstein, *Tractatus Logico-Philosophicus* (London: Routledge and Kegan Paul, 1978), 5.5563 (a).

les, etc.). Ahora bien, es relativamente obvio que Wittgenstein habría sido palpablemente inconsistente si él se hubiera fijado a sí mismo una tarea semejante: si de entrada nos advierte que los problemas filosóficos son el resultado de incomprensiones, es obvio que lo más inapropiado para dar cuenta de ellos habría sido tratar de resolverlos mediante alguna teoría. No es, pues, teorización filosófica lo que encontramos en el *Tractatus*. Al contrario: el impulso inicial de Wittgenstein está dirigido no ya hacia la construcción de una teoría, sino ante todo hacia la disolución de los problemas que enfrenta y al desmantelamiento de la problemática subyacente. Por consiguiente, podemos con relativa confianza sostener que una marca distintiva y contundente de incomprensión del texto y de las ambiciones de su autor sería pretender ver teorías en los distintos bloques de proposiciones que componen el libro, inclusive si se usa dicha palabra de la manera más vaga posible. Para decirlo de una vez por todas: el *Tractatus* no contiene teoría alguna. Lo que en él se nos da son en cambio **elucidaciones** y un conjunto de elucidaciones no es lo mismo que una teoría.

Hay una cuestión importante que es no sólo inconveniente pretender eludir, sino que de hecho es imposible hacerlo. Me refiero a la cuestión de la traducción al español del léxico wittgensteiniano. Hay en particular un término crucial que es indeseable y contraproducente seguir manteniendo como en las tres versiones que se han hecho al español. Me refiero desde luego a la palabra 'Bild'. En inglés fue traducida como 'picture', lo cual, en mi opinión, no es incorrecto. En español, sin embargo, dicha palabra fue traducida como 'figura', lo cual constituye una traducción lamentable, engañosa y hasta absurda. No hay nada en el *Tractatus* que pueda ser identificado como la 'teoría figurativa del lenguaje'. Si en general hay algo así como una teoría figurativa, podemos estar seguros de que no es la de Wittgenstein. Aquí habría que preguntarse: ¿de dónde procede la idea misma de "Bild"? En realidad, el término mismo no es de Wittgenstein, sino de H. Hertz, de quien él lo tomó. Éste ofrece una caracterización muy clara de esta idea en su libro.[6] Ahora bien, una noción emparentada con "Bild" es la de modelo. De hecho, la teoría del lenguaje del *Tractatus* habría podido ser bautizada 'teoría del modelo', pero como ya está en circulación la noción de "teoría de modelos" como una rama de la lógica matemática estándar, dicha propuesta se prestaría a multitud de malentendidos, por lo que resulta inviable. Independientemente de ello, lo que es innegable es que tenemos que encontrar una traducción alterna-

---

[6] H. Hertz, *The Principles of Mechanics* (New York: Dover Publications, 1956).

tiva a 'figura'. Como en otros escritos, aquí yo traduzco 'Bild' como 'retrato'. La idea es simplemente que las oraciones y los pensamientos son retratos de hechos. Como Wittgenstein mismo nos lo dice, "Es claro que percibimos una proposición de la forma '$aRb$' como un retrato",[7] en este caso como un "retrato lógico". En verdad, una idea equivalente y hasta quizá más exacta sería la de fotografía. Diríamos entonces que una oración es una fotografía lingüística de un hecho. Sin embargo, al igual que "modelo" la idea de "concepción fotográfica del lenguaje" probablemente generaría múltiples malentendidos que la idea de representación pictórica no acarrea consigo. De ahí que en este escrito hablaré de retratos de hechos, de relaciones pictóricas, de representación pictórica, etc.

Otro término "técnico" importante del libro en relación con el cual me desvío de las traducciones existentes es 'Sachverhalt'. Como se sabe, éste ha sido traducido como 'hecho atómico' y como 'estado de cosas'. Las dos traducciones me parecen fallidas, más la segunda que la primera. El problema con la primera es que se trata obviamente de una expresión con fuertes reverberaciones russellianas. De hecho, **es** terminología de Russell. Por consiguiente, induce a pensar que los vínculos entre el atomismo lógico de Russell

---

[7]  L. Wittgenstein, *Tractatus*, 4.012.

y el de Wittgenstein son más estrechos de lo que en realidad son. Además, se le hace perder originalidad a Wittgenstein, aparte de que se le fuerza a hablar en una especie de jerigonza filosófica que es lo más alejado de su modo natural de expresarse. El problema con la segunda traducción es que es obviamente artificial, puesto que es un anglicismo descarnado. Nosotros, los hispanohablantes, ciertamente empleamos la expresión 'estado de cosas', pero en general para hablar de circunstancias especiales. Se podría decir, por ejemplo: "Yo llamo a eso un 'estado de cosas peligroso'." Frente a esas dos traducciones yo propongo la mía que es 'hecho simple'. Las virtudes de esta propuesta se manifestarán, espero, cuando abordemos los temas de ontología.

Mi convicción de arranque y que nos sirve de guía en nuestro estudio es, pues, que aunque en el *Tractatus* se contemplan temas de ontología el libro no ofrece ninguna teoría ontológica, que si bien se tratan en él temas de ética el *Tractatus* no incorpora ningún sistema ético, y así sucesivamente. Y lo mismo, deseo sostener, pasa con el lenguaje: aunque es evidente que para Wittgenstein la reflexión sobre el lenguaje es filosóficamente primordial y que lo que al respecto tiene que decir es de primera importancia, el libro **no** comporta ninguna teoría del lenguaje, en algún sentido inteligible de 'teoría'. Una vez más, lo que sin duda Wittgenstein sí nos proporciona es una serie de elucidaciones concernientes al lenguaje, pero ni mucho menos equivale ello a decir que nos proporciona una "teoría del lenguaje".

En este punto parecería que estamos yendo abiertamente en contra no sólo de la literatura estándar sobre el tema sino, lo que es peor, en contra del sentido común. ¿Qué acaso la posición de Wittgenstein en el *Tractatus* frente al lenguaje no es conocida como 'Teoría Pictórica'? ¿No es entonces descabellado ir en contra de una tradición fuertemente avalada hasta por los mejores exégetas del *Tractatus*? Pienso que no, pero entiendo que mi punto de vista está necesitado de una amplia y sólida justificación. Por mi parte, no tengo ya dudas con respecto a que es factible elaborar dicha justificación, que es algo de lo que intentaré hacer ver en este libro.

Antes de iniciar mi presentación de los puntos de vista de Wittgenstein, quisiera señalar que si bien es cierto que hay entre los estudiosos de Wittgenstein un acuerdo casi generalizado respecto al apelativo 'Teoría Pictórica', también lo es el que prevalece entre ellos toda clase de desacuerdos concernientes a los contenidos de la supuesta teoría. Son incontables las interpretaciones que se han avanzado, desde B. Russell y F. P. Ramsey hasta N. Malcolm y Marie McGuinn, pasando por E. Anscombe, M. Black, J, Griffin,

A. Maslow, H. Le Roy Finch, P. Hacker, G. Baker, R. Fogelin, D. Pears, B. F. McGuinness, J. Hintikka, G. G. Granger y J. Bouveresse, por no mencionar más que a algunos de los más conocidos y prominentes de los estudiosos del libro de Wittgenstein, pero de igual modo son incontables las preguntas que dejan sin responder, las contradicciones en las que incurren, las tensiones a que dan lugar en relación con otras partes del libro, los huecos explicativos que dejan, las perplejidades que generan. De todo esto podría inferirse que la coincidencia en cuanto al apelativo no garantiza que dicha coincidencia esté justificada y que corresponda realmente a lo que Wittgenstein quería decir. Es por eso que, en mi opinión, puede sostenerse con un alto grado de plausibilidad que, al igual que otras obras de Wittgenstein (*Observaciones sobre los Colores*, por ejemplo), el *Tractatus Logico-Philosophicus* sigue todavía siendo una obra en lo esencial incomprendida. Sin embargo, pienso también que, con todo el material acumulado desde hace más de medio siglo de exégesis y discusiones, contamos ya con los elementos para modificar drástica y definitivamente esta situación.

En realidad, dicha situación no deja de ser altamente sorprendente. Sin ser dogmáticos, me parece que se puede sostener que, independientemente de si en última instancia está equivocado o no, uno de los rasgos característicos del *Tractatus* es que es un libro esencialmente claro. La dificultad consiste básicamente en descifrar la terminología de la obra y en captar bien los objetivos del autor. En la literatura sobre el libro, multitud de filósofos se han solazado hablando del carácter "oracular" o "sibilino" del texto. A mí me parece que la verdad es exactamente al revés: una vez hechas las aclaraciones terminológicas relevantes, después de haber identificado debidamente las controversias en las que se inscriben los pensamientos de Wittgenstein (de preferencia teniendo siempre presente qué es lo que B. Russell sostiene en relación con los mismos temas), entonces los pronunciamientos de Wittgenstein resultan ser transparentes al grado de no generar por parte de los lectores otros comentarios que "Evidentemente", "No podría ser de otra manera", "Es obvio", etc. Cuando nos sentimos justificados en emitir comentarios así es porque el mensaje del libro fue efectivamente aprehendido.

En este trabajo intento ofrecer tanto una visión panorámica de la filosofía del *Tractatus* como "discusiones concretas de proposiciones concretas". Mi objetivo fue hacer una presentación y efectuar una reconstrucción en las que se combinaran explicaciones de tecnicismos con prosa fluida. Hay algunos temas de los que no me ocupo, como por ejemplo la teoría lógica de la probabilidad que Wittgenstein esboza. No obstante, creo que el panorama que transmito es casi completo y fiel al espíritu de esa nueva forma de pensar que estaba empezando a tomar cuerpo. Espero haber hecho ver que efectivamente la filosofía wittgensteiniana recogida en el *Tractatus Logico-Philosophicus* es una filosofía potente y optimista, por más que en última instancia constituya una propuesta filosófica fallida. La filosofía del "joven" Wittgenstein termina, hay que decirlo, en un gran fracaso, pero algo que es muy interesante no perder de vista es que su fracaso fue percibido ante todo por él mismo y que fue Wittgenstein mismo quien finalmente rechazó el producto de su primer modo de pensar para poner algo completamente nuevo en su lugar. De manera que puede afirmarse que si Wittgenstein fue refutado lo fue sólo por Wittgenstein. Habiendo dicho eso y teniéndolo en mente, podemos ahora iniciar nuestro veloz recorrido por los dominios de la primera y formidable filosofía de Ludwig Wittgenstein.

## II

## ONTOLOGÍA FORMAL:
## hechos y objetos

### I) INTRODUCCIÓN

Las primeras secciones del *Tractatus*, concretamente hasta 2.063, se ocupan de lo que comúnmente llamamos 'ontología'. La ontología es la teoría general del ser en cuanto tal y reviste la forma de una investigación acerca de lo que hay en el mundo y de lo que son sus características necesarias o esenciales. Ahora bien, si el criterio de interpretación que presentamos en la *Introducción* es acertado, a saber, que en el *Tractatus* no hay teorías filosóficas, esta es precisamente la clase de investigación que no deberíamos ni siquiera esperar encontrar en el libro. No sólo él mismo explícitamente la repudia, sino que la lectura metafísica de las primeras secciones hace del texto un absurdo. No es por casualidad que en más de una ocasión Wittgenstein se exprese en un tono crítico y de rechazo de la metafísica y de la filosofía en general, por lo que atribuirle una teoría de esa naturaleza es hacerlo declaradamente contradictorio. Eso es algo que no podemos aceptar. Por lo tanto, nuestra labor

habrá de consistir en dar cuenta de las proposiciones
que conforman la supuesta sección ontológica del
*Tractatus* **sin** comprometer a Wittgenstein con una
teoría filosófica acerca del mundo considerado como
un todo. Una ontología es un esquema general acerca
de lo que hay, esto es, del material del mundo. A lo
largo de la historia de la filosofía se han hecho las
más variadas y extravagantes propuestas ontológicas.
El mundo ha sido visto, por ejemplo, como exclusivamente material, como constituido por *qualia*, como
compuesto por entidades materiales, mentales y lógicas, como conformado por dos realidades, una empírica y una ideal, como constituido por mónadas, por
*sense-data* y universales, por ser de carácter mental, y
así indefinidamente. Así, las ontologías tradicionales
son construcciones semejantes a las teorías científicas
sólo que inmensamente más abstractas. La física, por
ejemplo, que es la disciplina científica más general
y abstracta, puede ocuparse de todos los objetos físicos del mundo, pero si además de éstos efectivamente
hubiera entidades mentales o lógicas, la física ciertamente no podría dar cuenta de ellas. Por lo tanto,
ni siquiera la ciencia más omniabarcadora podría generar una ontología que tenga visos de ser completa
o exhaustiva. En cambio, las teorías filosóficas que
versan sobre el mundo considerado como un todo sí

pueden. Aunque establecidas de un modo totalmente diferente a las teorías científicas, las teorías filosóficas (en este caso, de ontología) pretenden no obstante ser verdaderas en el mismo sentido en que lo son las teorías científicas y aspiran a darnos listas concretas de clases de entidades, clases de cosas con características discernibles, elementos reales que serían los elementos constitutivos de cualquier cosa realmente existente como una teoría científica aspira a darnos listas corroborables de hechos. Las ontologías son como una prolongación de las teorías científicas en la dirección de la generalidad y la abstracción. Y aquí el punto importante es el siguiente: por hablar del mundo como un todo, parecería que lo que Wittgenstein está proponiendo en las primeras secciones de su libro es una ontología en el sentido delineado más arriba, pero eso es precisamente lo que **no** es el caso. Lo que Wittgenstein ofrece es más bien un esquema general para las ontologías, para cualquier ontología posible. Veamos, pues, cómo procede.

## ii) Ontología formal

### a) Hechos simples y objetos

Quizá no estará de más empezar por señalar cuáles son, estrictamente hablando, las categorías ontológicas del *Tractatus*. Básicamente son dos, a saber, hecho (simple) y objeto. El mundo es aquello de lo que hablamos, aquello con lo que, por así decirlo, nos topamos, pero es obvio que "el mundo" es una abstracción. En la experiencia nosotros nos topamos con aspectos del mundo, con sus componentes, no con el mundo como una totalidad. Y ¿cuáles son los componentes del mundo? La respuesta de Wittgenstein es: los hechos. La respuesta es no sólo intuitivamente plausible, sino que se pueden fácilmente dar argumentos en su favor. Independientemente de cómo lo concibamos, lo que es claro es que, sea lo que sea, el mundo es aquello de lo que hablamos. El lenguaje no tiene otro tema posible que el mundo. Naturalmente, hablar es, en el sentido filosóficamente relevante, describir aspectos del mundo, para lo cual necesitamos emplear oraciones. Ahora bien, lo que corresponde a una oración es un **hecho**. Es por eso que Wittgenstein afirma que "El mundo se divide en hechos".[1]

---

[1] L. Wittgenstein, *Tractatus Logico-Philosophicus* (London: Routledge and Kegan Paul, 1974), 1.2.

Wittgenstein usa dos nociones de hecho, designadas en alemán mediante 'Tatsache' y 'Sachverhalt'. ¿Está hablando Wittgenstein de dos clases diferentes de hechos? ¡Claro que no! 'Tatsache' significa 'hecho', en tanto que 'Sachverhalt' significa algo como 'situación' o, mejor, como 'hecho simple'. Afirma Wittgenstein: "Lo que acaece, el hecho [*Tatsache*: ATB], es la existencia de los estados de cosas [*Sachverhalten*: ATB]."[2] Pero ¿por qué se necesitan dos nociones de hecho? Lo que pasa es que está involucrada en esta proposición una sutileza. La idea es la siguiente. Supongamos que alguien afirma: 'Es un hecho que México está en América'. Aplicando las categorías de Wittgenstein, aquí el hecho (*Tatsache*) es que se da un hecho simple (*Sachverhalt*), a saber, el hecho simple de que México está en América. No es que haya un hecho por una parte y un hecho simple por la otra y por consiguiente dos clases de hechos. Quizá se entienda mejor la posición de Wittgenstein si en lugar de decir 'Es un hecho que México está en América' decimos algo equivalente, como "Es verdad que México está en América". La idea de hecho es como una de las dos caras de una moneda, siendo la otra la verdad. Pero la verdad, independientemente de cómo la comprendamos, no es lo mismo que un hecho simple. Un

---

[2] *Ibid.*, 2.

"Tatsache", por lo tanto, no es un hecho especial ni una combinación de hechos simples. Es una noción que sirve para indicar que un hecho simple existe o se da. Cuando hay hechos simples posibles que no se dan, entonces no tenemos "Tatsachen". Podemos inferir que es un error grave adscribirle al *Tractatus* la idea de que hay clases de hechos.

Tenemos dos resultados interesantes: por una parte, Wittgenstein implícitamente está estableciendo una importante conexión entre factualidad y verdad y, por la otra, promueve una visión del mundo como una totalidad de hechos simples existentes. El mundo es, en última instancia, la totalidad de los hechos simples que efectivamente se dan. Quizá una imagen pueda sernos aquí útil. Pensemos el mundo como una especie de tapete conformado por una red de cables con focos diseminados a lo largo y ancho del tapete en cuestión. Cada foco es un hecho simple. Obviamente, no todos los focos tienen por qué estar prendidos. Por ejemplo, siguiendo con nuestro ejemplo, es un hecho simple que México está en Europa, pero es un hecho simple que no se da. El mundo está constituido por los hechos simples que sí se dan. Así, tendríamos una representación esquemática del mundo si tuviéramos ese tapiz de focos con todos los focos que corresponden a los hechos simples que se dan prendidos. Esa sería una forma de representar plásticamente la idea de que el mundo es la totalidad de los hechos simples. El asunto, sin embargo, no es, como veremos, tan sencillo, puesto que también tenemos hechos simples negativos verdaderos, como cuando decimos 'México no está en Europa'. Eso es verdad (o un hecho), pero ¿de qué clase de hecho se trata?

No quisiera continuar sin comentar que los hechos simples no son cualitativamente jerarquizables o clasificables, en el sentido de que algunos sean intrínsecamente mejores o peores que otros. El mundo no contiene divisiones cualitativas. Los hechos en sí mismos, como se nos dirá más tarde, no tienen valor. En este sentido, todos los hechos están, por así decirlo, al mismo nivel. Las clasificaciones de hechos (y de objetos) aparecen sólo con el sujeto.

Vimos que un hecho simple puede darse o no darse y ello depende de su configuración, pero si hablamos de "configuraciones" estamos *eo ipso* dando a entender que el que un hecho sea simple no implica que en algún otro sentido que el factual no sea complejo. La simplicidad del hecho significa simplemente que no es reducible a otros hechos más elementales, pero no que el hecho simple mismo no tenga componentes. Factualidad implica composicionalidad, por lo que simplicidad factual no puede implicar no composicionalidad. Los hechos, sean los que sean, se componen de objetos, sean éstos los que sean. Estamos ya en posición de entender que lo que Wittgenstein está delineando en el fondo no es una ontología en el sentido tradicional. Lo que está afirmando es algo mucho más abstracto, a saber, que sea cuál la descripción de la realidad por la que nos inclinemos o, si se prefiere, sea cual sea la ontología por la que optemos, cuando se quiera hablar del mundo lo que en última instancia se hará será describir hechos simples y mencionar objetos. O sea, a diferencia de los metafísicos tradicionales, Wittgenstein no pretende hablar de hechos particulares ni de ninguna clase especial de objetos. Lo que realmente está diciendo es: desde la perspectiva de la lógica, el mundo se divide en hechos simples y los hechos se componen de objetos y así **tiene** que ser independientemente de cómo concibamos el mundo y sus objetos. En otras palabras, lo que Wittgenstein ofrece en el *Tractatus* no es una ontología, sino más bien el esquema general que vale para cualquier ontología. Esto muestra por qué lo más absurdo que se puede preguntar es qué clase de cosas tenía en mente Wittgenstein al hablar de objetos, qué son los objetos del *Tractatus*. Lo único que ante una pregunta así él podría decir sería algo como: "No sé, eso dependerá de lo que se elija como nombres." La lógica, como nos lo dirá en diversas ocasiones, no puede anticiparse a su aplicación y, dado que su aplicación es obviamente algo empírico, entonces la investigación acerca de la naturaleza de los objetos es una clase de investigación que cae fuera del marco de los intereses puramente lógicos del *Tractatus*.

Los objetos, sean lo que sean y concíbaseles como se les conciba, son la sustancia del mundo. Una vez más: el *Tractatus* no pretende decirnos qué clase de objetos efectivamente hay, puesto que eso sería una labor empírica, por abstracta que fuera. Dado que el enfoque de Wittgenstein es puramente lógico, lo que sí tiene que proporcionarnos son los rasgos que la lógica indica que **tienen** que tener los objetos, esto es, sus rasgos formales y necesarios. "Para conocer un objeto tengo que conocer no sus propiedades externas, sino todas sus propiedades internas."[3] Las propiedades externas son propiedades contingentes, las genuinas propiedades que los objetos tienen. Las propiedades internas son las propiedades necesarias, las que el objeto no puede no tener, puesto que son propiedades que la lógica indica que tiene. Y ¿cuáles son éstas? Wittgenstein menciona tres. Así, de acuerdo con él, desde el punto de vista de la lógica cualquier objeto (en el sentido de "sustancia del mundo") tiene que:

---

[3] *Ibid.*, 2.01231.

a) formar parte de **algún** hecho simple

b) ser **lógicamente** simple

c) ser indestructible

Lo primero significa que no podemos encontrar objetos sueltos, objetos que no tengan ninguna propiedad o que no mantengan alguna relación con otros objetos. No hay nada más absurdo que la idea de "bare particulars", de objetos simples desprovistos totalmente de características. En éste como en muchos otros casos, el argumento tiene su paralelo en el ámbito del lenguaje y a veces recurrir al argumento paralelo resulta sumamente ilustrativo. Es claro que las palabras se vuelven significativas sólo si son empleadas en oraciones, esto es, en conexión con otras palabras. Decir simplemente 'Juan' no es decir nada. Tenemos que decir algo de Juan para que 'Juan' pueda volverse operacionalmente significativo. El decir algo, por lo tanto, no es un asunto que competa a palabras aisladas, sino que presupone complejidad o composicionalidad, puesto que lo que decimos es verdadero o falso, esto es, el hecho simple puede darse o no darse. Por lo tanto, las palabras sueltas no son significativas, en el sentido de que no contribuyen a construir un retrato de un hecho, a decir algo. Aplicando este argumento al caso de los objetos y de los hechos, se infiere fácilmente que los objetos **tienen** que formar parte de hechos, puesto que de lo contrario no serían objetos ni pensados como tales.

El segundo de los rasgos lógicos mencionados, esto es, la simplicidad del objeto, se explica por el hecho de que el análisis lógico no puede extenderse *ad infinitum*. El análisis lógico es en primer término análisis proposicional, por lo que lo que se está afirmando es que el análisis de las proposiciones no puede extenderse indefinidamente. La razón es obvia: por medio del análisis esclarecemos el significado, pero si este esclarecimiento se extiende al infinito, entonces simplemente no conocemos realmente el sentido de lo que aseveramos. Por lo tanto, lógicamente tiene que haber un punto final. Con lo que nos topamos ahí será, como veremos más en detalle en el próximo capítulo, con lo que Wittgenstein llamó 'proposiciones elementales'. Estas proposiciones apuntan a hechos simples y éstos se componen de objetos y el argumento es que si éstos a su vez fueran complejos, entonces el análisis tendría que proseguir y por lo tanto no habríamos llegado a las proposiciones elementales y a los hechos simples y, como consecuencia de ello, no se habría esclarecido el sentido de la proposición analizada. Por consiguiente, sean lo que sea, los objetos, entendidos como el reducto último del análisis y por ende como la sustancia del mundo, tienen que ser simples.

Aquí se plantea un problema: ¿qué clase de simplicidad está aquí involucrada? Una dificultad puede surgir si nos dejamos llevar por asociaciones con lo que en ciertos contextos pasa por simplicidad, por ejemplo en química. Si así fuera, estaríamos automáticamente tratando de pensar en entidades que son, por así decirlo, chiquitas, físicamente simples, pero estaríamos en un error porque eso significaría una vez más que le estaríamos adscribiendo a Wittgenstein aspiraciones metafísicas y nosotros ya nos desprendimos de esa potencial interpretación. La simplicidad lógica que está aquí involucrada tiene ante todo una expresión lingüística. O sea, un universo $U$ puede componerse de los objetos $a$, $b$, y $c$, pero yo podría tener una universo $U'$ con objetos para los cuales dispusiera de los siguientes **nombres**: 'el rey de Troya', 'Cantinflas' y '*'. Yo **estipulo** que esos son mis nombres y por lo tanto que son, en mi lenguaje, inanalizables. En ese universo los objetos así nombrados son los objetos que constituyen su sustancia. En otras palabras, el *desideratum* de lo que es simple lo determinan los nombres puesto que, sean lo que sean, los objetos son lógicamente sus significados (referencias), a más de que no estamos efectuando ninguna clase de investigación empírica. No tiene, por lo tanto, el menor sentido quebrarse la cabeza tratando de encontrar objetos que sean simples en un sentido (para emplear una muy útil expresión del propio Wittgenstein) "ultra-físico". En el *Tractatus* no se pretende investigar ni directa ni indirectamente la realidad, puesto que Wittgenstein no está haciendo ciencia y que la metafísica es repudiada. La noción de simplicidad, por lo tanto, aunque se aplica también al estudio lógico de la realidad, es una noción que se asienta en consideraciones lingüísticas, que son las únicas que nos pueden guiar aquí. La cuestión del carácter indestructible de la sustancia es un tanto más compleja. De hecho puede abordarse desde diversas perspectivas. Por una parte, está la idea de que si no hubiera sustancia, porque por ejemplo hubiera sido destruida, entonces nos habríamos quedado con signos carentes de significado, con pseudonombres, y por lo tanto no podríamos ni siquiera decir que la sustancia dejó de existir. En este sentido, Wittgenstein ofrece un argumento, famoso ya porque ha dado lugar a mucha labor de exégesis y controversias. El argumento es el siguiente: "Si el mundo no tuviera sustancia, el que una proposición tuviera sentido dependería de que otra proposición fuera verdadera."[4] ¿Qué es y qué tan acertado es lo que se nos está diciendo?

Ha habido intentos por explicar el argumento relacionándolo con la Teoría de las Descripciones,[5] pero la

---

[4]  *Ibid.*, 2.0211.

[5]  Véase, por ejemplo, la explicación de E. G. M. Anscombe en *An*

verdad es que la teoría de Russell no tiene nada que ver con esto. La idea es otra. La clave, me parece, está en lo que se nos dice en 5.526, en donde Wittgenstein afirma que:

> Se puede describir exhaustivamente el mundo mediante proposiciones completamente generalizadas, es decir, sin que previamente se hayan coordinado nombres con objetos determinados.
> Así, para llegar al modo usual de expresarse, se tiene simplemente que decir, después de la expresión 'hay un y sólo un $x$ tal que ...': y este $x$ es $a$.[6]

O sea, en principio, se podría elaborar la lista completa de enunciados verdaderos de la forma '$(\exists x) Fx$', '$(\exists x)(\exists y) Fxy$', etc., etc., y tendríamos así una descripción del mundo verdadera y completa, aunque totalmente abstracta. Pero ¿cómo lograría esta descripción decirnos algo si el mundo no tuviera sustancia, es decir, si los nombres que pudieran servir para reemplazar a las variables carecieran de significado? Si no introdujéramos expresiones de la forma '$Fa$', entonces ¿qué significado podríamos conferirle a nuestros retratos puramente abstractos del mundo? O sea, si por carecer el mundo de sustancia '$Fa$' no

---

*Introduction to Wittgenstein's Tractatus*" (London: Hutchinson University Library, 1971), p. 49 *i passim*.

[6] L. Wittgenstein, *op. cit.*, 5.526 (b).

tuviera sentido, entonces ¿como podría tener sentido expresiones como '($\exists x$) $Fx$'? Para que una expresión tuviera sentido, '$Fa$' (o una expresión similar) **tendría** que ser verdadera pero, y éste es el problema: ¿por qué para que a una expresión legítima se le reconozca un sentido otra proposición tiene que ser verdadera? El sentido de una proposición no puede depender de nada externo a ella, de lo que pase o no pase con otra proposición. O ella ya tiene un sentido, y entonces no depende de nada, o no lo tiene y entonces nada se lo puede proporcionar. Y, obviamente, una consecuencia inevitable de que el mundo no tuviera sustancia sería simplemente que "En ese caso, sería imposible elaborar un retrato (verdadero o falso) del mundo".[7] En otras palabras: lo que garantiza la representación de la realidad es precisamente que el mundo tiene una forma fija y esta forma fija está dada por su sustancia, esto es, por sus objetos. "Es evidente" —nos dice Wittgenstein— "que por muy diferente del mundo real que sea un mundo imaginado, de todos modos debe tener algo en común - una forma - con él."[8] Y de inmediato añade: "Esta forma fija está constituida por los objetos."[9] Así, pues, si el mundo no tuviera sustancia no tendríamos ni un concepto inteligible

---

[7] *Ibid.*, 2.0212.

[8] *Ibid.*, 2.022.

[9] *Ibid.*, 2.023.

de mundo ni podríamos explicar la representación, mental o lingüística.

Podemos, pues, concluir que efectivamente pertenencia a hechos, simplicidad y existencia necesaria son los rasgos lógicos de los objetos y que la pregunta '¿De qué clase de objetos estamos hablando?' simplemente carece en este contexto de sentido.

En el *Tractatus* se hacen aseveraciones que a primera vista son contradictorias, pero un mínimo de análisis permite entender que ello no es así. Dos afirmaciones aparentemente conflictivas son, por un lado, "Por decirlo de alguna manera: los objetos no tienen color"[10] y, por el otro, "Espacio, tiempo y color (cromaticidad) son formas de los objetos".[11] No obstante, yo creo que puede mostrarse que en el fondo no hay aquí ningún conflicto. ¿Cómo se disuelve la aparente tensión? Parecería que hablar de "formas de los objetos" es aludir a propiedades formales de los objetos, es decir, a propiedades necesarias. En ese caso, lo que Wittgenstein estaría afirmando es que el mundo necesariamente tiene una estructura espacio-temporal coloreada, esto es, que no podríamos, no tendría sentido para nosotros hablar de objetos de los cuales no pudiéramos dar sus coordenadas espacio-temporales o adscribirles algún color (no hay objetos invisi-

---

[10]  *Ibid.*, 2.0232.

[11]  *Ibid.*, 2.0251

bles, por así decirlo). Esto, sin embargo, no anula o excluye lo que dice primero, porque lo que significa es simplemente que no tiene el menor sentido hablar de propiedades, primarias o secundarios, de los objetos **considerados en sí mismos**, esto es, al margen de sus concatenaciones con otros, formando parte de hechos simples. Las propiedades, como lo es tener un color, aparecen con las proposiciones y por lo tanto cuando ya tenemos un hecho constituido. Entonces es perfectamente viable afirmar que los objetos no tienen color y que el tener color (la cromaticidad) es una forma de los objetos.

B) Propiedades y relaciones

Un tema metafísico tradicional es el de la distinción entre objetos (particulares), por una parte, y propiedades y relaciones, por la otra (universales). En el *Tractatus* el tratamiento del tema tiene varias aristas. Como veremos en otro capítulo, para Wittgenstein tanto los nombres propios y las descripciones son "nombres" como los son las expresiones para propiedades y relaciones. La diferencia está en el modo de simbolizar, pero en ambos casos nos las habemos con nombres y, por ende, con objetos. Ese es un tema sobre el que regresaremos. Otro tema importante, que también consideraremos más detenidamente en otro capítulo, es el de las propiedades y relaciones internas. Éste es un tema que proviene directamente de las discusiones de G. E. Moore y Bertrand Russell con filósofos idealistas de la época, en particular con F. H. Bradley. Nosotros, como era de esperarse, por el momento nos ocuparemos del tema de las propiedades y relaciones exclusivamente desde la perspectiva de la lógica.

Para hablar de propiedades y relaciones Wittgenstein recurre al concepto de conocimiento, pero su utilización de inmediato deja ver que está haciendo una aplicación un tanto especial de él. Afirma, por ejemplo, que "Si conozco un objeto, entonces conozco también la totalidad de sus posibilidades de formar parte de hechos simples".[12] Cuando uno "conoce" un objeto, uno ya sabe en qué clase de combinaciones con otros objetos puede entrar y en cuáles otras no. Hay quien ha visto en esta forma de conocimiento algo parecido o lo mismo que Russell denominó "conocimiento directo" (*knowledge by acquaintance*).[13] Yo pienso que esta lectura es errada, por la sencilla razón de que hace del *Tractatus* un texto de filiación empirista y eso es lo más alejado del proyecto puramente lógico de Wittgenstein. "Conocimiento" aquí no

---

[12]  *Ibid.*, 2.0123.

[13]  Noman Malcolm, por ejemplo, defiende esta interpretación en su estupendo libro *Nothing is Hidden* (Oxford, Basil Blackwell, 1986).

puede ser "conocimiento empírico", pero entonces ¿de qué otra clase de conocimiento habla Wittgenstein? No puede tampoco tratarse de un conocimiento *a priori*, en el sentido tradicional de la expresión, puesto que lo que Wittgenstein hace no es metafísica. Ahora bien, Wittgenstein mismo da la pauta para salir de apuros y entender su pronunciamiento. Un poco más adelante, en efecto, nos dice: "Para conocer un objeto tengo que conocer no sus propiedades externas, sino todas sus propiedades internas."[14] La distinción que aquí nos ocupa es, por lo tanto, la distinción entre propiedades internas y externas.

Consideremos primero las propiedades externas. Éstas son las auténticas propiedades de un objeto, esto es, las propiedades que puede tanto tener como no tener. Aquí la pregunta es: ¿cuándo podemos decir que mencionamos o nos referimos o aludimos a una cualidad o relación así? La respuesta es de carácter lingüístico: cuando lo que decimos es significativo y puede ser verdadero o falso. Por ejemplo, es una propiedad genuina de las personas ser mexicanas, puesto que tanto pueden ser mexicanas como no serlo. En cambio, nos las habemos con una propiedad o relación interna cuando la supuesta propiedad a la que aludimos no es una propiedad que el objeto **no** pueda tener.

---

[14] L. Wittgenstein, *op. cit.*, 2.01231

Por ejemplo, no es una propiedad de Juanito ser persona, porque no tiene el menor sentido decir de Juanito que no es o que podría no haber sido una persona. Cuando queremos expresar propiedades internas lo único que logramos decir es una trivialidad ('Juanito es una persona') o una contradicción ('Juanito no es una persona'). Ahora bien, curiosamente lo que Wittgenstein sostiene es que hay una especie de conocimiento que es el conocimiento de las propiedades y relaciones internas de un objeto. Pero ¿cómo puede haber una clase de conocimiento que toma cuerpo o en proposiciones triviales (analíticas, tautológicas) o en contradicciones y absurdos?

Lo que Wittgenstein tiene en mente es algo así como "conocimiento lógico", pero esta clase de conocimiento es en última instancia un conocimiento de carácter lingüístico. El problema para nosotros consiste en que estamos acostumbrados a ignorar pasos en nuestros procesos de pensamiento, lo cual tiene resultados desastrosos. Por ejemplo, parecería que si veo un perro automáticamente sé que ese perro puede ser carnívoro, manso, blanco, obediente, etc., y también que no puede ser un número irracional, una conectiva lógica o una estrella. Pero ¿qué clase de conocimiento es esto último? No es el perro mismo lo que me permite inferir eso, sino es el perro previamente nombrado y, por lo tanto, conceptualizado. La idea es la siguiente: si yo tengo el **nombre** 'perro', entonces yo dispongo también de una serie de predicados que puedo adscribirle o no, según el caso. Yo sé de entrada qué clase de afirmaciones puedo significativamente hacer sobre él y qué clase de expresiones serían simplemente absurdas. Al yo saber eso conozco sus propiedades internas y, como bien dice Wittgenstein, este conocimiento no es el resultado de un proceso, una idea de algo que uno poco a poco va construyendo, etc. Si yo tengo un nombre, conozco su significado y si conozco su significado sé en qué combinaciones de nombres puede entrar y en cuáles no. En palabras de Wittgenstein:

> Si conozco un objeto, entonces conozco también la totalidad de sus posibilidades de formar parte de hechos simples.
>
> (Cada una de dichas posibilidades tiene ya que estar inscrita en la naturaleza del objeto).
>
> No se puede posteriormente encontrar una nueva posibilidad.[15]

Esto es claro: no es posible que uno sepa que algo es una silla y venir a descubrir posteriormente que esa silla no puede ser un animal. Eso lo sabe uno de ante-

---

[15] *Ibid.*, 2.0123.

mano, *a priori*. Esto se expresa diciendo que se conocen las propiedades internas de la silla, pero en realidad ello no es más que la expresión del conocimiento de los rasgos constitutivos del concepto de silla. Las propiedades internas o necesarias expresan los rasgos lógicos del objeto del que se hable. Por lo tanto, hablar del conocimiento de las propiedades internas de un objeto no es hablar en sentido estricto de un conocimiento genuino, sino más bien de las condiciones necesarias para la expresión del conocimiento.

Que tanto las propiedades y las relaciones como las cosas de las que se predican sean todas ellas objetos le permite a Wittgenstein salir airoso de diversos problemas metafísicos clásicos, como los que tuvieron que enfrentar Bradley y Russell. Para Bradley era prácticamente imposible eludir el argumento platónico-aristotélico del "tercer hombre", esto es, era imposible explicar la conexión entre un universal y un particular. Russell trató de resolver el enigma mediante su Teoría de los Tipos, pero en realidad su posición tampoco representa una salida aceptable, puesto que no se resuelve ningún problema sólo porque caractericemos con más precisión lógica a las propiedades y las relaciones. De todos modos sigue vigente la cuestión de cómo se vincula la relación ser padre de con el padre de, *e.g.*, Napoleón. El que digamos que la relación "ser padre de" es un universal, una "entidad" de tipo lógico diferente al del padre de Napoleón, no nos resuelve ni nos aclara nada. ¿Cuál es la posición de Wittgenstein en relación con esta espinosa temática?

Una vez más, el paralelismo que se da entre las consideraciones acerca de la realidad y las consideraciones acerca del lenguaje permite aprehender mejor lo que Wittgenstein propone. Así, en 4.031 afirma: "Un nombre está en lugar de una cosa, otro en lugar de otra cosa y así se unen, y el todo - como un cuadro vivo - presenta un hecho simple."[16] Lo mismo pasa, *mutatis mutandis*, con los hechos simples: los objetos se conectan unos con otros de manera natural y lo hacen sin requerir, como en el caso de Bradley, intermediarios: "En un hecho simple, los objetos encajan unos con otros, como los eslabones de una cadena."[17] Wittgenstein mismo le aclara en una carta al primer traductor del *Tractatus*, viz., C. K. Ogden, la idea que quiere transmitir: "El significado es *que no hay nada tercero* que conecte los vínculos [*links*], sino que los vínculos *mismos* hacen conexión entre sí."[18] El problema es obvio: si se requiere de algo tercero, se cae automáticamente en un regreso al infinito. En la me-

---

[16]   *Ibid.*, 4.0311.

[17]   *Ibid.*, 2.03.

[18]   L. Wittgenstein, *Letters to C. K. Ogden* (Oxford, Basil Blackwell, 1973), p. 23.

dida en que todos los objetos son del mismo tipo lógico y que la diferencia entre los nombres de cosas
y los nombres de propiedades y relaciones radica básicamente en el modo de simbolizar, el problema se
desvanece.

¿Cómo identificamos o cómo distinguimos un
objeto de otro? Por las propiedades y relaciones genuinas que podamos adscribirles mas no, y esto es importante, por su forma lógica, por las propiedades y
relaciones formales, esto es, necesarias o lógicas, que lo
constituyen, porque éstas pueden ser las mismas para
diversos objetos. "Dejando de lado sus propiedades externas, dos objetos que tengan la misma forma lógica
se diferencian entre sí sólo porque son diferentes."[19]
Aquí parecería que Wittgenstein está admitiendo que
en principio podríamos nosotros distinguir dos objetos *solo numero*, pero eso es una lectura absurda del
texto, por una sencilla razón: ello sería factible sólo si
nosotros tuviéramos un acceso cognitivo a los objetos
con total independencia de sus cualidades y relaciones. Pero nosotros sabemos que eso no es el caso: siempre que nos refiramos a un objeto, que lo nombremos,
será porque ya forma parte de un hecho, ya no es un
objeto en (por así decirlo) estado puro. De ahí que
lo que Wittgenstein está afirmando sea justamente

---

[19]  *Ibid.*, 2.0233.

que la mera forma lógica de los objetos no basta para identificar o diferenciar objetos. Eso lo hacemos vía sus propiedades y relaciones. No distinguimos dos manchas o dos sonidos *qua* manchas o sonidos, sino por su intensidad, saturación, tono, etc. "Una mancha en el campo visual puede no ser roja, pero tiene que tener algún color; tiene que estar, por así decirlo, inmersa en el espacio del color. El tono tiene que tener *alguna* altura, el objeto del tacto *alguna* dureza, etc."[20] Y lo que vale para manchas y sonidos vale para objetos materiales por igual.

c) HECHOS NEGATIVOS, MUNDO Y REALIDAD

Nuestro cuadro general es el siguiente: el mundo es una totalidad de hechos simples que se dan y estos hechos están compuestos de objetos. Los hechos pueden cambiar, pero los objetos están fijos puesto que, como vimos, el mundo **tiene** que tener una sustancia, esto es, algo que le da forma y permanencia. Hay, no obstante, un problema: es un hecho que se da el hecho simple *Napoleón era corso*, pero también es un hecho que el hecho simple *Napoleón era griego* no se da. De igual modo, el hecho simple *Sócrates vive en México* no se da, en tanto que parecería que el hecho

---

[20]  *Ibid.*, 2.0131 (b).

*Sócrates no vive en México* sí se da, puesto que es verdad que Sócrates no vive en México. Lo que quiero señalar es: hay proposiciones atómicas negadas que son verdaderas.[21] Pero parecería seguirse de ello que **hay** hechos negativos, **en el mismo sentido** en que los hay, por así llamarlos, 'positivos'. Hechos negativos serían como hechos de carencia, de ausencia, como sombras de hechos. Pero un libro tan parsimonioso y tan sobrio como el *Tractatus* ¿podría realmente dar cabida a cosas tan extrañas como "hechos negativos"?

La respuesta, tanto en un plano intuitivo como en uno de argumentación y fundamentación, es que obviamente no es ese el caso. El asunto es primeramente lingüístico, pero si no se aclara se vuelve metafísico. Que los hechos sean contingentes significa que tienen siempre dos posibilidades: darse o no darse, y esto a su vez significa que es esencial a las proposiciones que puedan ser tanto verdaderas como falsas. Por lo tanto, es esencial a las proposiciones que sean contingentes. Pero el que una proposición negativa sea verdadera no quiere decir que hay un hecho raro que la hace verdadera. Esto último no está implicado. En este punto es sumamente ilustrativa la anécdota

---

[21] No voy a polemizar con la idea de que si ya aparece una conectiva lógica, entonces lo que tenemos es una proposición molecular. Esto es una cuestión puramente terminológica y estipulativa, carente por completo de interés filosófico.

que cuenta Russell de una polémica con Wittgenstein en clase durante la cual Russell asevera que es un hecho que no hay hipopótamos en el salón, algo que Wittgenstein niega. *Prima facie*, la posición de Wittgenstein es insostenible, pero si la examinamos rápidamente nos daremos cuenta de que es bastante sensata. Su punto de vista es que no se sigue de que el que la proposición 'no hay hipopótamos en el salón' sea verdadera que sea verdadera en virtud de un hecho especial, el hecho de no haber hipopótamos en el salón, sino de todos los hechos simples relevantes que **sí** se dan. Porque preguntémonos: ¿qué clase de realidad podría tener un hecho que no se da? ¿Cómo podría haber un hecho de no existencia? Aquí el error de Russell parece consistir en simplemente borrar toda diferencia entre los conceptos "verdad" y "hecho". Que hay una conexión necesaria entre ellos es una cosa, que sean idénticos, otra. Wittgenstein, sensatamente en mi opinión, acepta lo primero mas no lo segundo. Desde su punto de vista, el que sea un hecho que Sócrates es griego ya anula que sea francés, chino, mexicano, etc. Es altamente probable que esta idea entre en conflicto con su concepción de proposición elemental y de hecho simple, que es lo que él sostiene: "La totalidad de los hechos simples existentes **determina** [énfasis mío. ATB] también qué hechos simples no son existentes."[22] Por ello, dado el carácter bipolar de las proposiciones, tenemos la posibilidad de enunciar verdades negando proposiciones, pero eso no implica que dichas proposiciones sean verdaderas por referencia a hechos, como pasa en el caso de las proposiciones elementales afirmativas que son verdaderas.

Lo anterior está relacionado con una dicotomía conceptual un tanto problemática que Wittgenstein utiliza. Me refiero a dos nociones que a primera vista son equivalentes, pero que en el fondo no lo son: las nociones de mundo y de realidad. Lo primero que hay que descartar es la idea de que hay por una parte el mundo y por otra la realidad. Más bien, se habla de lo mismo sólo que en relación con cosas diferentes o desde perspectivas diferentes. Consideremos primero el mundo. "El mundo es la totalidad de los hechos, no de las cosas." Ya vimos por qué es ello así; si queremos hablar del mundo, tenemos que decir algo acerca de él, pero decir algo acerca de él requiere que se usen oraciones y a lo que las oraciones apuntan es a hechos, no a cosas, las cuales siempre aparecen en combinaciones con otras. Empero, esos hechos de los que se habla son la totalidad de los hechos simples que efectivamente se dan. No obstante, tendríamos

---

[22] L. Wittgenstein, *Tractatus*, 2.05

que incluir los "hechos" a que apuntan las proposiciones elementales negativas que son verdaderas, puesto que decimos cosas como "Es un hecho que Sócrates no era chino", aunque no haya tal cosa como *el no ser chino de Sócrates*, sino solamente su ser griego. Los hechos negativos también constituyen una totalidad, más grande inclusive que la totalidad de los hechos simples que sí se dan, puesto que, por ejemplo, el que Juárez haya sido mexicano excluye que haya sido peruano, italiano, rumano, etc. O sea, un solo hecho simple excluye a una multitud de otros. Ahora bien, cuando unimos las dos totalidades, esto es, la de los hechos simples enunciados por proposiciones elementales verdaderas y la de los hechos negativos enunciados por proposiciones elementales negadas que son verdaderas, lo que tenemos es la realidad. Como dice Wittgenstein, "La existencia y la no existencia de los hechos simples es la realidad."[23] Lo que nos deja un tanto perplejos es que él mismo parezca no respetar el uso de sus propias categorías, puesto que termina las "secciones ontológicas" diciendo "La realidad total es el mundo."[24] Aquí parecería que "mundo" abarca más de lo que abarca "realidad", pero puede producirse una confusión sólo si no se toman en cuenta los requisitos de exposición y el hecho de que en el fondo

[23] *Ibid.*, 2.06 (a).

[24] *Ibid.*, 2.063.

al hablar del mundo y de la realidad no se está hablando de dos "cosas" distintas. Si digo "Es un hecho que Nueva York no es la capital de Francia", lo que estoy indicando es que el hecho simple "Nueva York es la capital de Francia" no se da, no que esté yo apuntando a un hecho raro que sería el no darse de Nueva York como capital de Francia. "Mundo" y "realidad" son simplemente dos formas de hablar de lo mismo, esto es, de la totalidad de lo que acaece, pero se trata de formas que tienen una utilidad y connotaciones diferentes.

## III) TENSIONES

Si hemos de ser coherentes habremos de decir que lo que Wittgenstein esboza en las primeras secciones del *Tractatus* dista mucho de ser una ontología, sino que es más bien el esquema al que se tiene que ajustar cualquier ontología que se proponga. Sea lo que sea que alguien elija como material último del mundo, lo que tendrá que hacer será darnos hechos en los que dicho material es de una u otra manera nombrado. El material ontológico puede ser de lo más variado pero, sea el que fuere, de todos modos lo que tendremos serán objetos (la sustancia de ese universo) conformando hechos simples. El tratamiento wittgensteiniano es ciertamente subyugante. No obstante, está no sólo expuesto a objeciones externas, como lo deja bien en claro la feroz crítica que el propio Wittgenstein desarrollará algunos lustros después en las *Investigaciones Filosóficas*, sino que internamente genera tensiones que en ocasiones dan la impresión de ser contradicciones insolubles. Por nuestra parte, podemos señalar a por lo menos un problema delicado en relación con la ontología formal y factual del *Tractatus*.

Es cierto que no hemos explicado todavía la idea de proposición elemental, pero por el momento nos serviremos de ella pues nos bastará con entender que lógicamente cualquier lenguaje imaginable tiene que tener proposiciones simples, proposiciones inanalizables o últimas a partir de las cuales se puedan construir otras, más complejas. Ahora bien, un rasgo fundamental de proposiciones así es su independencia lógica, esto es, el que su valor de verdad sea totalmente (*i.e.*, lógicamente) independiente del de cualquier otra proposición. En el terreno ontológico, lo que eso significa es lo que el propio Wittgenstein dice: "De la existencia o no existencia de un hecho simple no se puede inferir la existencia o no existencia de otro."[25] El problema es que él sostiene también otra cosa, a saber, que "La totalidad de los hechos

---

[25]  *Ibid.*, 2.062.

simples existentes **determina** [énfasis mío. ATB] también qué hechos simples no son existentes."[26] Estos dos pronunciamientos son difícilmente compatibles. De hecho, aquí está prefigurado el problema que posteriormente Wittgenstein detectará en relación con los colores, esto es, que las adscripciones de colores, las cuales parecen ser de las más simples que encontramos en el lenguaje natural, no cumplen con el requisito de independencia lógica que exige la concepción lógica de las proposiciones. Si el que se dé el hecho $Fa$ "determina" que no se dan los hechos $Fb$, $Fc$, etc., eso significa que **puedo** inferir '$\sim Fb$', '$\sim Fc$', etc., a partir de '$Fa$'. Lo que esto indica es simplemente, primero, que el atomismo lógico radical de Wittgenstein es insostenible y, segundo y más importante aún, que toda la concepción de las relaciones entre la lógica y el lenguaje están mal pensadas. El trabajo de desmantelamiento de dicha concepción es algo que Wittgenstein realizará posteriormente.

---

[26] *Ibid.*, 2.05.

## IV) CONSIDERACIONES FINALES

Lo que hemos presentado es la concepción lógica de la realidad, la cual en un sentido no es una concepción en lo absoluto. Se trata más bien de la enunciación de los requisitos que tiene que satisfacer cualquier construcción filosófica que aspire a presentarse como una ontología. En realidad, si nos fijamos bien lo que Wittgenstein está haciendo es mostrarnos que las ontologías en el sentido tradicional en realidad son el resultado de programas de investigación absurdos. La ontología de la física cuántica no es la misma que la ontología de la física clásica y no parece tener mucho sentido tratar de determinar cuál es la verdadera. Cuál sea nuestra ontología dependerá de qué aceptemos como nombres. A lo más que se podría aspirar sería a estipular que sólo cierta clase de expresiones van a tener el *status* de nombres, pero eso es algo que claramente no se puede determinar así, sino sólo con la experiencia. Lo único que sabemos *a priori* es cómo tendrá que tomar cuerpo la ontología por la que optemos, si pensamos que hay que elegir una, y cómo habrá de expresarse. Esa es la lección ontológica del *Tractatus*.

# III

## LA TEORÍA LÓGICA DEL LENGUAJE

### I) LA PERSPECTIVA LÓGICA

El *Tractatus* es un libro en el que las divisiones entre proposiciones están dadas numéricamente, esto es, secuencialmente, y por lo tanto no contiene divisiones formalmente trazadas. Es de entrada imposible no sentir que su redacción tuvo que haber sido el resultado de un esfuerzo hercúleo de pensamiento. Las proposiciones del libro conforman grupos más o menos discernibles, pero salvo en algunos casos realmente claros no ordena al libro ninguna división obvia. Quizá podamos con confianza afirmar, siguiendo a Russell, que en 2.1 empieza la "teoría del simbolismo", pero en dónde termine ésta es prácticamente imposible de decir. En parte precisamente debido a las complicaciones generadas por un estilo único (y que en mi opinión, contrariamente a lo que muchos piensan, invita a ser imitado), la "teoría del simbolismo" puede ser entendida de muy diverso modo. Por ejemplo, en relación con la supuesta teoría del lenguaje postulada en el libro, se ha visto en ella una teoría acerca de lo que sería un lenguaje lógicamente perfecto, un lenguaje ideal, esto es, un lenguaje regido por la sintaxis lógica, pero también se ha visto en él la teoría de lo que está implícito en el lenguaje natural y, en verdad, una teoría acerca del lenguaje natural mismo. Dada las peculiaridades del estilo de escribir de Wittgenstein, podemos asegurar de entrada que prácticamente cualquier interpretación podrá encontrar apoyo en una u otra de las proposiciones del libro, a condición claro está de que se les considere en forma aislada. Pero, obviamente, no es a eso a lo que debemos aspirar. Lo peor que se puede hacer en relación con el *Tractatus* es considerar proposiciones o inclusive secciones en forma inconexa, elaborar una interpretación sobre la base de tres o cuatro proposiciones que versen sobre el tema que nos ocupa olvidándonos del resto. Es precisamente por no disponer de la perspectiva correcta respecto al **todo** del libro que lo único que se pueden generar son, en el peor sentido del término, meras "interpretaciones" del texto y uno de los problemas más tangibles con lecturas así es que siempre desembocan en el misterio, en contradicciones, en "explicaciones" increíbles e insostenibles. Tenemos, pues, que encontrar el modo de deslindarnos de dicho proceder.

La importancia de la lectura correcta del *Tractatus* se manifiesta de muchas maneras. Una de ellas es que vuelve redundantes ciertos dilemas interpretativos clásicos. Por ejemplo, hay quienes con no malos argumentos han sostenido que la columna vertebral del libro está dada precisamente por la Teoría Pictórica, en tanto que hay otros exégetas que han apuntado que la ontología factual es lo fundamental. Formulada de manera escueta, la pregunta es: ¿qué tiene prioridad: el mundo o el lenguaje, los objetos o las palabras, los hechos simples o las proposiciones elementales? Planteado de esa manera, el problema (si lo es) no tiene solución. Y si un problema así no tiene solución, lo más probable es que la reconstrucción que permite que el dilema se plantee sea errada. Por eso nuestra labor se inició con la búsqueda de lo que sería la perspectiva correcta. Pero ¿hay tal cosa?

Ya desde las primeras páginas di una respuesta afirmativa a esa pregunta y señalé que el título mismo del libro nos da una indicación precisa de cuál es la interpretación deseada (tratado de filosofía que tiene como fundamento a la lógica). Vimos también que cuando hablamos de lógica en este contexto lo único que podemos tener en mente es el lenguaje de la lógica clásica o, si se prefiere, russelliana, puesto que es en el marco de la lógica de Russell que Wittgenstein trabaja. La idea es, por consiguiente, que el único guía aceptable en la lectura del *Tractatus* es la investigación del simbolismo de la lógica estándar, esto es, del cálculo proposicional y del cálculo de predicados de primer orden (la teoría general de la cuantificación). Obviamente, la lógica en el *Tractatus* dista mucho de ser concebida como Wittgenstein la concebiría veinte años después, esto es, básicamente como un montón de cálculos. Como veremos en el capítulo dedicado a la lógica, en el *Tractatus* la lógica tiene una realidad inexpresable y es lo que, por sí decirlo, estructura tanto la realidad como el lenguaje y el pensamiento. Por eso en el *Tractatus* la lógica es siempre la lógica **de** la realidad y la lógica **del** lenguaje. Esto hace ver que el dilema de qué tiene prioridad filosófica, si el lenguaje o el pensamiento o el mundo, es una pseudo-dificultad: por razones expositivas, Wittgenstein inició su texto con consideraciones de orden ontológico y pasó de éstas a las relativas al simbolismo en general y el lenguaje en particular. Pero desde nuestro punto de vista el orden de exposición es contingente, es decir, Wittgenstein habría podido perfectamente bien proceder al revés, esto es, haber empezado con consideraciones acerca del simbolismo, el lenguaje, la representación, el pensamiento, etc., y de allí pasar a los temas de ontología. Es por eso que el *Tractatus* es un auténtico hipertexto, pero esta característica se explica sólo porque la plataforma fundamental del libro lo proporciona algo que no es ni el lenguaje ni la realidad y que podríamos llamar la 'perspectiva lógica'.

Lo anterior tiene consecuencias nada desdeñables. Si entendemos que literalmente la lógica (en el sentido de 'lenguaje canónico de la lógica') es nuestra guía, muchas cosas automáticamente se aclaran. Para empezar, se nos aclara por qué del *Tractatus* queda proscrita absolutamente **cualquier** proposición de carácter empírico. No hay ninguna observación empírica en el libro. El enfoque lógico es y tiene que ser puramente **formal** y tener como objetivo la enunciación de los rasgos **necesarios** del simbolismo, así como en otro contexto generó la enumeración de los rasgos necesarios y puramente formales de la realidad, es decir, de los hechos y de sus objetos. Esto explica por qué no hay ni podremos encontrar en el libro tesis o teorías filosóficas, puesto que cualquier teoría así tendría forzosamente que tener algún contenido y la perspectiva lógica de Wittgenstein lo aleja de eso. En segundo lugar, la perspectiva lógica nos ayuda a comprender de qué se ocupa Wittgenstein cuando habla del lenguaje, el pensamiento y demás: él se está ocupando única y exclusivamente de la función lógica del simbolismo en general y en particular de la función lógica del lenguaje. ¿Cuál puede ser ésta? La respuesta es obvia y en la primera parte del libro él mismo proporciona los elementos para darla: la función lógica del lenguaje no puede ser otra que la representación del mundo. Ahora bien, hasta donde logro ver ni por asomo llegó nunca Wittgenstein a imaginar que esa era la única función que desempeña o podría desempeñar el lenguaje. Afirmar algo así habría sido sostener algo grotescamente falso, declaradamente absurdo. Desde luego que con el lenguaje podemos contar chistes, contar chismes, rezar, comprar comida en el mercado, vender autos, regatear con clientes, conmover a personas, litigar, etc., pero en todos esos casos lo que **lógicamente** hacemos es describir la realidad. Ahora bien, la realidad es la totalidad conformada de los hechos existentes positivos ("vivimos en el planeta Tierra") y por los hechos enunciados por proposiciones negativas verdaderas ("Napoleón no nació en Egipto"). Por lo tanto, decir que lógicamente la única función del lenguaje es describir la realidad significa sólo que, **desde un punto de vista lógico**, la función del lenguaje es la descripción o enunciación de hechos. Qué hagamos nosotros con nuestras descripciones de hechos será siempre algo totalmente particular, personal, subjetivo, empírico, contingente, pero ciertamente no lógico. Las aplicaciones del lenguaje, por lo tanto, son algo de lo que el *Tractatus* de entrada se deslinda, se desentiende, ignora. La lógica no sirve como guía para el estudio de lo que es contingente, sino única y exclusivamente para la detección y enunciación de los rasgos necesarios de aquello que se examine. En nuestro caso es el lenguaje lo que está en juego.

En lo que es su investigación lógica del lenguaje, es decir, para el desarrollo de su estudio lógico de los signos, el término clave de Wittgenstein es 'Bild', una palabra que **nunca** ha sido correctamente traducida al español. En las tres versiones oficiales de 'Bild' al español se traduce este término como 'figura'. Por razones que he dado en diversas partes, que avancé en la "Introducción" y sobre las que no regresaré (entre otras cosas porque son autoevidentes), considero que dicha traducción es grotescamente errada y, por ende, inaceptable. Mi propuesta alternativa pretende ser la respuesta acertada a la pregunta: dado que la función lógica del lenguaje es la representación de los hechos, ¿en qué consiste dicha función? La respuesta no puede ser 'figurar hechos', porque por lo menos sin advertencia de ninguna clase lo que en español eso significa es simplemente 'fantasear', que obviamente no es de lo que se trata. Ciertamente no es en incitar a fantasear que consiste la función lógica del lenguaje. Lo que en cambio sí me parece que podemos afirmar es que dicha función consiste en algo así como "modelar hechos". En realidad, eso es lo que Wittgenstein mismo afirma, como veremos en un momento. El problema a su vez con la palabra 'modelo' no es que sea inadecuada, sino que tiene dos inconvenientes. En primer lugar, es una palabra, cargada originalmente de mentalismo, que Wittgenstein tomó de la obra de H.

Hertz, *The Principles of Mechanics*, y que, como en otros casos, aplicó de un modo propio, dándole un giro a la noción y de hecho generalizándola de un modo como Hertz, que fue quien la acuñó, nunca visualizó siquiera; y, segundo, existe y está en circulación la expresión 'teoría de modelos', que es el nombre de una rama de la lógica así como el estudio formal de diversas estructuras matemáticas (aunque también la palabra 'modelo' se usa en las ciencias empíricas sólo que de un modo ligeramente distinto). De ahí que presentar la posición de Wittgenstein en el *Tractatus* como englobada en la 'teoría modelo' o 'teoría de modelos' o 'teoría del lenguaje como modelos', etc., realmente no sería lo más apto, lo más apropiado. Con base en lo anterior, propongo traducir 'Bild' como **retrato** y decir que la función lógica del lenguaje es **retratar hechos**. Evidentemente, una vez retratados los hechos podemos hacer con nuestras descripciones lo que queramos, es decir, podemos manipularlas en función de los objetivos que persigamos. Así, una vez enunciados los hechos de los que queremos hablar podemos acomodarlos de manera que la otra persona se ría o llore, se asombre o se aburra, trace inferencias a partir de ellos o amenace a alguien, y así indefinidamente. O sea, la aplicación o utilidad del lenguaje es múltiple y de lo más variada, pero su función lógica es siempre la misma: retratar la realidad. Naturalmente, si la función lógica del lenguaje es retratar hechos, reales o meramente posibles, entonces lo único relevante para el estudio lógico del lenguaje son los valores de verdad: lo que lógicamente nos importa de un retrato es si representa correctamente una situación o no lo hace. Nada más. Que el retrato, sea el que sea, además cumpla con muchas otras funciones (gustarnos, conmovernos, interesarnos, entretenernos, etc.) no es incompatible con su función primordial y, desde luego y por razones más bien obvias, Wittgenstein no dice nada al respecto.

Parte del problema con el término original 'Bild' es que **parece** una metáfora, cuando en realidad es un término técnico y que debe ser tomado al pie de la letra y en forma estricta, porque es así como lo usa Wittgenstein. Muy probablemente, es por las asociaciones a que da lugar dicho término (fundamental en la filosofía del lenguaje del *Tractatus*) que prácticamente nadie ha hecho suya oficialmente la posición retratista defendida por Wittgenstein, pero es muy importante entender que ello se debe a algo totalmente superficial, es decir, al carácter evocativo del término 'retrato'. En realidad, deseo sostener que prácticamente todos los filósofos del lenguaje de hecho aceptan la posición de Wittgenstein, sólo que no la hacen suya oficialmente, entre otras razones porque la terminología tractariana les resulta un tanto extraña. Mejor dicho, una abrumadora mayoría de filósofos del lenguaje y de la lógica **son** tractarianos sin saberlo o sin darse cuenta o sin reconocerlo. Pero debe quedar claro que no es porque no se use la palabra 'retrato' ('Bild') que entonces no se hizo suya la posición del *Tractatus*. Hacia el final del capítulo ilustraré esto último con unos cuantos ejemplos concretos de filósofos del lenguaje. Si tengo razón habré (de)mostrado que, por lo menos en lo que a filosofía del lenguaje concierne, el *Tractatus* está a la orden del día.[1]

Queda por establecer un punto antes de presentar lo que equívocamente pasó a la historia como 'Teoría Pictórica'.[2] Sabemos que la función lógica del lenguaje es retratar hechos y que, por consiguiente, lo único que lógicamente nos interesa son los valores de verdad de las proposiciones. A esto hay que añadir la idea de que el lenguaje es la totalidad de las pro-

---

[1] Un buen ejemplo de lo que digo es Donald Davidson. Muchos trabajos de Davidson son abiertamente tractarianos, como por ejemplo "The Method of Truth in Metaphysics", aunque obviamente en ellos Davidson no se limite a repetir a Wittgenstein, como no lo hace con Tarski, con Quine o con Frege. Un ejemplo paradigmático de lo que aquí afirmo lo encontramos en su artículo "What Metaphors Mean". En verdad, el artículo de Davidson puede ser entendido como una crítica feroz de la doctrina del uso del segundo Wittgenstein tomando como plataforma la doctrina del lenguaje del joven Wittgenstein. Sobre esto regreso más adelante.

[2] Como veremos, lo que es equívoco en 'Teoría Pictórica' no es 'Pictórica', sino 'Teoría'.

posiciones. Estas tres ideas juntas acarrean consigo otra que es de primera importancia: podemos sostener *a priori*, sobre bases estrictamente lógicas, que cualquier proposición, por compleja que sea, tiene que poder descomponerse en proposiciones elementales, simples, últimas, inanalizables. En un cálculo lógico, no se arranca con proposiciones cuantificadas, por ejemplo. Siempre se parte de signos primitivos y por medio de reglas se van conformando expresiones cada vez más complejas. **Tiene**, por lo tanto, que haber expresiones simples, a partir de las cuales se construyen otras. De ahí que las expresiones, por complejas que sean, **tienen** que poder analizarse. Ahora bien, si todo eso efectivamente es así, entonces debemos poder afirmar que **cualquier** proposición, por compleja que sea, es lógicamente un retrato, es decir, es analizable en términos de retratos proposicionales. Esta es la, por así llamarla, 'tesis' del carácter veritativo-funcional del lenguaje: cualquier proposición genuina es una función de verdad de proposiciones elementales. Así Wittgenstein garantiza que lo que él está ofreciendo es en efecto una concepción global del todo del lenguaje o, mejor, de todo lenguaje posible. No hay proposición genuina en ningún lenguaje imaginable que no sea un retrato o que no sea analizable en términos de retratos.

Me parece que contamos ya con los elementos fundamentales de la posición de Wittgenstein: lo que él en el *Tractatus* se propone darnos es única y exclusivamente la visión del lenguaje a la que da lugar el estudio del simbolismo lógico; en otras palabras, la concepción lógica del lenguaje. El factor fundamental en dicha concepción es la idea de que la única función del lenguaje es la representación de los hechos, lo cual significa que el lenguaje sirve para ofrecer de ellos lo que lógicamente son retratos. Desde esta perspectiva, lo único relevante son los valores de verdad de los retratos y todo elemento articulado del lenguaje es o un retrato o una función de retratos. Con estos elementos en mente ahora sí podemos pasar a exponer el núcleo de la posición enunciada en el *Tractatus* y que pasó a la historia como 'Teoría Pictórica'.

## ii) La concepción lógica del lenguaje

El tratamiento wittgensteiniano del lenguaje, en alguna medida inspirado en los trabajos de Frege y de Russell, es sumamente original y profundo, por lo cual se requería de un aparato conceptual y de un léxico filosófico nuevos. El objetivo principal de Wittgenstein es, obviamente, dar cuenta de lo que es en general retratar un hecho (simple). Ahora bien, "retratar" es una noción sumamente amplia o general. Para empezar, retratar es algo que alguien **hace**;

segundo, es algo que puede hacerse de muy diverso modo, mediante muy variados instrumentos, por ejemplo. Así, la idea de retrato, en conexión con la de modelo o de instrumento de medición para la realidad, a lo que en el fondo equivale es a la idea de representación. Retratar es representar o auto-representarse algo, y a la inversa. Este algo, como veremos, no puede ser otra cosa que un hecho simple. En realidad, la famosa "Teoría Pictórica" debería haber sido bautizada más bien como la 'Concepción Lógica de la Representación'. Nuestra pregunta ahora es: ¿cuáles son los elementos de dicha concepción y cómo funciona ésta?

La exposición wittgensteiniana de la concepción lógica de la representación es nítida: primero se nos habla de la representación del modo más abstracto posible, de lo que es retratar un hecho en general; acto seguido se nos aclaran peculiaridades del modo lógico de representarse algo, esto es, el pensar; por último, Wittgenstein formula la concepción lógica de la clase de retratos que son los que realmente nos importan, a saber, las proposiciones. Considerémoslos en ese orden.

A) *Retratos.* El concepto más general en la concepción que Wittgenstein desarrolla es obviamente el de retrato. Es en 2.1 que Wittgenstein empieza la exposición de su concepción general de la representación cuando afirma que "Nosotros nos hacemos retratos de los hechos."[3] Con esto se nos está indicando que, independientemente de si la representación es un fenómeno natural o uno para el que se requieren convenciones, lógicamente lo único que nos podemos representar son hechos en el espacio lógico. Aquí lo que importa es responder satisfactoriamente a la pregunta: ¿qué se requiere para que se produzca la representación de los hechos? Esto tiene que ser entendido como preguntando acerca de cuáles son los rasgos necesarios de cualquier retrato o, si se prefiere, de todo retrato posible. En otras palabras: ¿qué podemos decir de los retratos desde la perspectiva de la lógica?

Con la noción de retrato aparecen otras, pues un retrato tiene que compartir con lo retratado diversos rasgos. Para empezar, el retrato es complejo y está articulado. Ahora bien, es con la noción de complejidad del retrato que aparecen las nociones de corrección e incorrección y, en última instancia, las de verdad y falsedad. Un retrato no es una mera secuencia de elementos, así como una oración no es una mera lista de palabras ni un hecho una mera yuxtaposición de objetos. En otras palabras, todo retrato está articulado o, en palabras de Wittgenstein: "Un retrato consiste en que sus elementos se conectan entre sí de un modo

---

[3] L. Wittgenstein, *op. cit.*, 2.1.

determinado."[4] Ahora bien, complejidad y articulación son lo que hacen del retrato un hecho.[5] Esto es importante: la representación de los hechos sólo se logra mediante hechos. Éstos podrán ser lingüísticos o mentales, pero en ambos casos son hechos. Lo que es crucial de un retrato es que es el vehículo de la representación de algo, pero ¿cómo es ello posible? Alternativamente: ¿qué condiciones se tienen que cumplir para que algo sea un retrato de una situación posible? Las condiciones básicas son las siguientes:

a) que los elementos del hecho retratado estén representados en el retrato. Esto lo expresa Wittgenstein diciendo que "Los objetos corresponden en el retrato a los elementos del retrato".[6]

b) que se pongan en conexión signos y objetos. A estas conexiones las llama Wittgenstein 'relaciones pictóricas'. "La relación pictórica", nos dice, "consiste en las correlaciones de los elementos del retrato con las cosas".[7]

c) que los elementos del retrato estén ensamblados al modo como lo están los objetos del hecho retratado. En otras palabras, que tengan la misma estructura.

---

[4] *Ibid.*, 2.14.

[5] Véase 2.141.

[6] L. Wittgenstein, *op. cit.*, 2.13.

[7] *Ibid.*, 2.1514.

En resumen: convenciones de qué significan los signos, correlaciones entre los elementos del retrato y lo retratado y estructura son los elementos necesarios para que la representación se materialice. Aquí hay que señalar que mucho de lo que dice Wittgenstein queda plenamente aclarado si se toma en cuenta lo que previamente dejó establecido sobre los hechos simples y sus componentes, *i.e.*, los objetos. Éstos, sean lo que sean, tienen diversas posibilidades de combinación. Por ejemplo, una silla puede combinarse con lo negro, pero no con lo probable, así como el número tres puede combinarse con el ser impar, pero no con lo amarillo. La totalidad de las posibilidades de combinación de todos los objetos constituyen el espacio lógico o, también, la forma del mundo. Sucede lo mismo cuando pasamos al ámbito del vehículo de la representación. Aquí, sin embargo, vale la pena señalar que Wittgenstein maneja una idea un tanto extraña, por lo menos a primera vista, a saber, la idea de que los objetos representados le transmiten a sus representantes en el retrato sus posibilidades de combinación. Estas posibilidades, naturalmente, son puramente formales. El problema es el siguiente: ¿por qué no podemos decir que el número cinco es inteligente: porque decir eso es un absurdo o es un absurdo porque los objetos "cinco" y "ser inteligente" no pueden constituir un hecho puesto que no comparten

posibilidades de combinación? Dicho de otro modo:
¿es el lenguaje lo que no permite que los objetos se
combinen de cierto modo o es porque los objetos no
se pueden combinar de cierto modo que el lenguaje
no permite decir ciertas cosas? ¿Qué tiene prioridad
sobre qué: el lenguaje sobre el mundo o el mundo
sobre el lenguaje? Quienes opinan que la columna
vertebral del *Tractatus* es la filosofía del lenguaje, la
teoría lógica de la representación (como Max Black,
por ejemplo), le conceden prioridad al lenguaje, y
quienes piensan que lo fundamental es la ontología
(como R. Fogelin) sostienen lo contrario. Así planteadas las cosas es simplemente imposible determinar
quién tiene razón. Sin embargo, si nuestra perspectiva es correcta, disponemos de un diagnóstico nuevo
que nos permite superar el dilema: ambos partidos
están en un error, porque lo que está aquí en juego
son los rasgos **lógicos**, es decir, necesarios, **tanto del
lenguaje como de la realidad**. Desde este punto de
vista no hay prioridades o si hay algo prioritario ese
algo es la lógica. Como dije, Wittgenstein habría podido presentar sus pensamientos en otro orden, pero con
eso no se habría alterado nada. A riesgo de proferir
un barbarismo, lo que podemos afirmar es que lógicamente lo que tiene prioridad es la lógica, puesto que
ésta es, como ya dijimos, la lógica **del** mundo **y del**
lenguaje. En este sentido, la lógica es una condición

del lenguaje y el mundo. Pero es precisamente gracias a ello que objetos y signos se transmiten mutuamente sus posibilidades de combinación. Así, al yo nombrar a algo 'perro', el signo en mis oraciones se conducirá como el animal frente a los demás objetos del mundo, puesto que por eso la palabra 'perro' quedó convertida en el representante del objeto en el simbolismo. Como puede verse, Wittgenstein toma muy en serio la idea de representación pictórica.

Al hablar de estructuras implícitamente aludimos a posibilidades de combinación de los elementos del retrato. El que dicha estructura sea posible es lo que Wittgenstein llama 'forma pictórica' o también 'forma de representación'.[8] Como veremos, forma de representación y forma lógica no son lo mismo, pero **pueden** serlo.

---

[8] Los traductores al español traducen 'Form der Abbildung' como 'forma de representación' y 'forma de figuración'. En esto simplemente repiten lo que dicen los traductores al inglés en su primera y segunda versión del texto alemán. En español, es con mucho mejor primera versión, esto es, la de Tierno Galván. En inglés, la segunda versión (esto es, la de D. Pears y B. F. McGuinness) no es mala, pues es 'pictorial form'. Pero la traducción de la segunda y tercera versiones al español, a saber, las de I. Reguera y J. Muñoz, por una parte, y la de Luis M. Valdés Villanueva, por la otra, es simplemente abominable, pues es 'forma de figuración'. Obviamente, esta no es más que una de las muchas consecuencias desastrosas de haber traducido 'Bild' como 'figura'.

En síntesis: la representación del mundo es algo que nosotros hacemos, para lo cual requerimos de un simbolismo. Lógicamente, lo único que hacemos al emplear nuestro simbolismo (sea el que sea: flores, colores, muecas, gestos, palabras, números, etc.) es describir la realidad, es decir, retratar hechos. El lenguaje es, en algún sentido, un reflejo de la realidad.[9] Las condiciones para que la representación surja son, pues, que los objetos estén representados (si me represento la silla que la palabra 'silla' aparezca), que no haya más ni menos elementos en el retrato que en el hecho retratado (misma multiplicidad lógica) y que los elementos del retrato se estructuren como los elementos del hecho (isomorfismo estructural). Lo que tienen en común los objetos y sus representantes en el simbolismo es la forma de representación o forma pictórica.

Con el concepto de retrato (o, si se prefiere, de representación pictórica) entran en el escenario filosófico dos nociones fundamentales, *viz.*, sentido y verdad. Lo que un retrato presenta es un hecho posible y su corrección o incorrección como retrato consiste en

---

[9] La idea de reflejo es sumamente útil e interesante. No es improbable que Wittgenstein haya oído de la teoría leninista del reflejo. Aunque obviamente no hay mayores vinculaciones entre lo que Wittgenstein explica y lo que Lenin sostiene, sí hay un elemento en común (las ideas de mostrar y de reflejar) que no se tiene por qué desconocer, porque inclusive si no es mayormente explotable de todos modos es interesante.

que corresponde o no al hecho descrito: si el hecho se da, entonces el retrato es correcto; de lo contrario es incorrecto. El sentido de un retrato es, pues, lo que dicho retrato representa. "Un retrato presenta su objeto desde fuera (su punto de vista es su forma de representación), porque el retrato presenta su objeto correcta o incorrectamente."[10] Si se acepta eso se sigue analíticamente algo de primera importancia para la filosofía en todas sus ramas, a saber, que "No hay retratos verdaderos *a priori*".[11] Salta a la vista, supongo, que este corolario es de consecuencias filosóficas mayúsculas, puesto que lo que se nos está diciendo es que, por razones de lógica, es falso que haya proposiciones sintéticas *a priori*, "verdades conceptuales", verdades necesarias cargadas de contenido, etc., etc. Con base en la perspectiva lógica del lenguaje mucho de la filosofía del lenguaje estándar simplemente se derrumba.

Con esto disponemos ya de un elemento importante de la teoría general de la representación, a saber, la por así llamarla 'teoría del retrato' (a sabiendas de que por comodidad nos expresamos incorrectamente al usar 'teoría' en este contexto). Podemos ahora pasar a las consideraciones sobre la representación mental y la representación lingüística, en sentido estricto.

---

[10] L. Wittgenstein, *op. cit.*, 2.173.

[11] *Ibid.*, 2.225.

B) *Pensamiento.* Afirmé más arriba que forma de representación o forma pictórica y forma lógica pueden coincidir o no. Antes de descartar por ininteligible lo que se nos dice tratemos de comprenderlo. Ya sabemos que en cualquier simbolismo compartido, en cualquier lenguaje, la forma de representación es algo que retrato y hecho comparten. Pero el punto importante aquí es que aparentemente uno puede auto-representarse el mundo, reflejarlo en el pensamiento, **sin** para ello tener que recurrir a un simbolismo artificial o convencional. Es cuando uno **piensa** en el mundo, cuando uno se auto-representa hechos, que la forma pictórica **es** la forma lógica. Lo que tenemos entonces, obviamente, son retratos lógicos. "Si la forma de representación es la forma lógica, entonces al retrato se le denomina un retrato lógico."[12] Se supone, por otra parte, que en la medida en que elaboramos y empleamos retratos de manera consciente, no como autómatas, como máquinas o como pericos, es porque pensamos lo que decimos. De ahí que "Todo retrato es *también* un retrato lógico".[13] Lo que está diciendo Wittgenstein es, pues, que pensar es auto-representarse el mundo por así decirlo "internamente", dan ganas de decir "cartesiana o platónicamente", y muy probablemente en lo que sería una *lingua mentalis*, un lenguaje del pen-

---

[12] *Ibid.,* 2.181.
[13] *Ibid.,* 2.182.

samiento. Ahora bien, independientemente de que el lenguaje del que nos ocupamos sea mental o público, lo que realmente importa es que de todos modos lo que en esos casos se hace es, una vez más, retratar hechos. El *dictum* del *Tractatus* es en este sentido claro a más no poder: "El pensamiento es un retrato lógico de los hechos."[14] En otras palabras, la concepción lógica de la representación vale por igual para el lenguaje y para el pensamiento. La diferencia entre hablar y pensar es que en un caso usamos retratos lingüísticos y públicos, en tanto que en el otro retratos mentales y privados, pero en ambos casos hacemos lo mismo, es decir, retratamos hechos. Lógicamente, no hay otra forma de representarse el mundo.

Con lo que Wittgenstein dice con relación al pensamiento tocamos fondo. Es cierto (desafortunadamente!) que en el *Tractatus* Wittgenstein es todavía un cartesiano, un fregeano y un russelliano (mas no un platonista). El libro, como ya argüimos, es un libro escrito en primera persona, es decir, toda consideración referente a comunidades lingüísticas, convenciones sociales, formas de vida, etc., están *ab initio* descartadas. Ahora bien, lo fundamental del pensamiento no es su naturaleza extraña (mental, interna, de acceso privilegiado, etc.), sino el que no pueda gestarse más que "lógicamente". O sea, lo que es internamente incon-

---

[14] *Ibid.*, 3.

gruente, incomprensible, absurdo es la idea de pensamiento ilógico. No hay tal cosa. "No podemos pensar nada ilógico, porque para ello tendríamos que pensar ilógicamente."[15] Pero, a riesgo de plantear una pregunta absurda, preguntémonos: ¿cómo sabemos que no podemos pensar ilógicamente? Es claro que en una filosofía en la que la guía es la lógica a través del estudio de su simbolismo el recurso a cosas como introspección, intuición, inspiración, etc., está de entrada descartado. Lo único que podemos decir es que la **expresión** de un pensamiento absurdo es un retrato, una proposición ininteligibles. Pretender tener pensamientos ilógicos es como pretender construir un puente basándose en una pintura de Escher. Wittgenstein expone la idea de dos maneras diferentes. En 3.031 afirma: "Solía decirse que Dios podía crear todo, salvo lo que fuera contrario a las leyes de la lógica. La verdad es que no podríamos *decir* cómo sería un mundo 'ilógico'."[16] O sea, la arena en donde se dirime la cuestión de si un pensamiento es ilógico o no es forzosamente el lenguaje. Y en el "Prólogo" escribe:

Este libro quiere pues, también, trazar un límite al pensamiento o, mejor dicho, no al pensamiento, sino a la

---

[15] *Ibid.*, 3.03.

[16] *Ibid.*, 3.031.

expresión del pensamiento. Puesto que para trazar un límite al pensamiento tendríamos que poder pensar ambos lados de dicho límite (y tendríamos por consiguiente que poder pensar lo que no se puede pensar). Por lo tanto, este límite sólo puede trazarse en el lenguaje y todo cuanto quede del otro lado del límite será simplemente un sinsentido.[17]

Es evidente que para la investigación que Wittgenstein desarrolla en torno al pensamiento simplemente no son relevantes resultados de psicología, de neurofisiología y muy probablemente (*pace* Fodor) ni siquiera de computación. Qué pase en el cerebro cuando uno piensa es una cuestión distinta de en qué consiste pensar. Acerca de lo primero los científicos van avanzando lentamente, a traspiés, y nos van transmitiendo poco a poco sus descubrimientos sobre distintas áreas de la corteza, el reparto en el cerebro de las diferentes funciones del organismo y demás. Nada de esto, sin embargo, tiene que ver con la cuestión de qué sea pensar y debería ser obvio que una investigación empírica no puede arrancar antes de que los conceptos involucrados estén debidamente aclarados y mucho me temo que el concepto de pensar tal como lo manejan los neocartesianos, los cognitivistas y otros metafísicos no lo esté suficientemente. En

---

[17] *Ibid.*, "Prólogo".

todo caso, nosotros sí disponemos de un dato seguro y decisivo: sabemos que **lógicamente** pensar es construir retratos mentales de los hechos y que no puede haber pensamientos ilógicos. Con esto llegamos a un punto final en lo que a investigación lógica del pensamiento concierne.

c) *Proposiciones.* Es con lo que Wittgenstein tiene que decir sobre las proposiciones que culmina lo que hemos identificado como la "concepción lógica del lenguaje". La posición de Wittgenstein es no sólo sumamente original, sino sorprendente aclaratoria. Es relativamente claro que en este caso uno de sus objetivos es refutar de una vez por todas teorías de las proposiciones como las construidas por Frege y por Russell. Para Frege, lo que en la filosofía del lenguaje usual se entiende por proposición es lo que él llama un 'pensamiento' (*Gedanke*), es decir, el sentido de una oración (nombre complejo). Un pensamiento es para Frege algo real, sólo que abstracto, de carácter lógico, eterno, inmutable, etc. Para el Russell de *Los Principios de las Matemáticas* (1903) las proposiciones no son meramente lingüísticas, sino que contienen "términos", es decir, entidades. Las proposiciones son para él como los hechos, pero no pueden ser totalmente identificables con ellos puesto que no puede haber hechos falsos, como sí puede haber proposiciones falsas. Es relativamente claro que en ambos casos nos las habemos con grandes construcciones de mitología filosófica, impresionantes desde muchos puntos de vista pero no por ello menos desorientadas y absurdas. El *Tractatus*, creo, acaba con esta clase de construcciones. Veamos rápidamente cómo.

Comencemos con el lenguaje, tal como lo conocemos. Lo que en el lenguaje es un retrato es una oración. Cualquier oración bien formada es un retrato de un hecho posible y, por consiguiente, cumple con todos los requerimientos que las elucidaciones sobre la representación imponen. Al retrato lingüístico lo llama Wittgenstein 'signo proposicional'. Parecería obvio que si uso un retrato proposicional no lo uso a tientas y a locas sino que pienso su sentido, es decir, me lo auto-represento. El pensar dicho sentido es "proyectarlo". Wittgenstein habla del pensar como siendo un "método de proyección". Pensar y pensamiento, claro está, no son lo mismo. Un pensamiento es un retrato psíquico o mental, en tanto que pensar es la actividad de conectar elementos del retrato (sea el que sea) con los elementos del hecho representado. Cuando uno dice algo uno transmite su pensamiento, es decir, su retrato, pero eso no se hace por telepatía sino vía el signo proposicional. Con esto llegamos a la importante noción de proposición. Desde la perspectiva lógica del lenguaje, una proposición no es una entidad abstracta:

es simplemente el retrato lógico de hecho pensado y plasmado en una oración o signo proposicional que de hecho se aplica o emplea. Una proposición es eso que se dice, para lo cual se requiere que el sentido del retrato sea pensado. Dado que "una proposición es un signo proposicional en su relación proyectiva con el mundo",[18] se sigue que efectivamente "En una proposición un pensamiento se expresa en forma perceptible por los sentidos".[19] Las proposiciones son los vehículos para o de los pensamientos, esto es, son los retratos lógicos pensados y plasmados en signos proposicionales usados por alguien que comprende sus sentidos. Desde esta perspectiva ya simplemente no hay cabida para fantasmagóricos y fantásticos entes como lo son las proposiciones en su sentido clásico. Si nos fijamos bien, la concepción tractariana de proposición es algo así como el Neanderthal del *Homo sapiens* que sería la ulterior noción de movimiento en el juego de lenguaje.

Lo que a partir de estas secciones Wittgenstein hace es extraer las consecuencias para las proposiciones de ser retratos. El lenguaje es la totalidad de las proposiciones[20] pero, puesto que así nos lo indica el lenguaje canónico de la lógica, sabemos *a priori* que **tiene** que haber proposiciones últimas, simples, ina-

---

[18] *Ibid.*, 3.12.

[19] *Ibid.*, 3.1.

[20] Véase 4.001.

nalizables. A éstas las denomina Wittgenstein 'proposiciones elementales'. Afirma: "Inclusive si el mundo fuera infinitamente complejo, de manera que cada hecho se compusiera de infinitamente muchos hechos simples y que cada hecho simple se compusiera de infinitamente muchos objetos, de todos modos tendría que haber objetos y hechos simples."[21] Así, cuando una proposición es completamente analizada, lo que tenemos es un conjunto de proposiciones elementales, las cuales se componen de "nombres". "Los signos simples empleados en las proposiciones se llaman 'nombres'."[22] Aquí Wittgenstein introduce su teoría del significado para las proposiciones elementales: "Un nombre denota un objeto. El objeto es su significado."[23] A grandes rasgos, todo lo que se dijo sobre el pensamiento y los retratos en general se aplica, *mutatis mutandis*, a las proposiciones.

Las elucidaciones de Wittgenstein sobre las proposiciones conforman un grupo de pensamientos que alcanzan grados muy elevados de refinamiento y aclaración. Es evidente que las proposiciones son los retratos realmente importantes, porque ellas no sólo **muestran** sus sentidos, sino que **dicen** que las cosas son así y asá. Si digo 'Buenos Aires está al sur de Tucumán', mi

---

[21]  *Ibid.*, 4.2211.

[22]  *Ibid.*, 3.202.

[23]  *Ibid.*, 3.203.

signo proposicional **muestra** que Buenos Aires está al sur de Tucumán y además lo dice. Lo muestra por la sencilla razón de que en el retrato *Buenos Aires está al sur de Tucumán*, 'Buenos Aires' esté antes de 'está al sur de' y 'Tucumán' después y eso es precisamente lo que la proposición afirma. O sea, hablar de mostrar en este caso no es pretende constituir ningún mensaje esotérico, sino simplemente tomarse en serio la idea de retrato de manera que podamos describir minuciosamente el funcionamiento lógico o pictórico de nuestro lenguaje. Por otra parte, es importante señalar que tanto objetos como nombres son todos de un mismo tipo lógico. Es por consideraciones lingüísticas que representamos ciertas cosas mediante minúsculas en tanto que otras sólo mediante mayúsculas. Siguiendo con nuestro ejemplo, tanto **Buenos Aires** como **Tucumán** como **el estar al sur de** son objetos, los cuales embonan unos con otros como los eslabones de una cadena para constituir un hecho. Ahora bien, es obvio que no podemos expresar esto como '*arb*', pero no porque '*r*' designe algo diferente en tipo lógico de los objetos (una relación), sino simplemente porque así formulado el signo proposicional pierde su multiplicidad lógica; eso sería como tener una lista de nombres y no estaríamos diciendo lo que queremos decir. Tenemos, pues, que decir '*aRb*'. El problema con esto es que sugiere automáticamente que nos las estamos viendo con objetos de tipo lógico diferentes, pero eso es un error de lectura del carácter lógico-pictórico de la expresión. Tanto '*a*', como '*b*' como '*R*' son nombres y todos ellos denotan objetos. En el *Tractatus* la significación está esencialmente (lógicamente) vinculada al referir, por lo que en los tres casos el significado está vinculado a la denotación o la referencia, pero es porque '*a*' está a la izquierda de '*R*' y '*b*' a su derecha que '*aRb*' **dice** que *a* está en una relación *R* con *b* y al mismo tiempo lo muestra. En palabras de Wittgenstein: «No: "El signo complejo '*aRb*' dice que *a* está en una relación *R* con *b*", sino: "*Que* '*a*' está en una cierta relación con '*b*' dice *que aRb*".»[24] Años de lectura russelliana del simbolismo lógico y el haber cerrado los ojos al hecho de que una proposición es un retrato en su relación proyectiva con el mundo son lo que nos ha impedido ver con claridad esto. Pero deberíamos haber reparado en el hecho de que, como atinadamente señala Wittgenstein, el diccionario traduce por igual 'rojo' que 'auto', 'feroz' que 'perro', 'sur' que 'pensar', etc., etc.[25] **Lógicamente**, todas esas palabras son nombres, inclusive o independientemente de si gramaticalmente lo son o no. Si esta explicación es acertada, la añeja polémica acerca de si los objetos del *Tractatus* son particulares o universales adquiere

---

[24]  *Ibid.*, 3.1432.

[25]  Véase 4.025 (b).

todas las apariencias de una pseudo-controversia. Después de todo, también "objeto" es un concepto formal. Evidentemente, desde la plataforma constituida por la lógica sí podemos hablar de la esencia del lenguaje, es decir, de la esencia de la proposición o, mejor aún, de la forma general de la proposición. Lógicamente, una proposición es un signo que usado con sentido (esto es, pensado) **dice** que las cosas son así o asá. Otras modalidades de expresión son lógicamente irrelevantes. Como era de esperarse en el caso de alguien que asume una perspectiva puramente lógica de los temas filosóficos, no hay cabida en la filosofía del *Tractatus* para escuelas como el empirismo. Pero entonces toda interpretación de las proposiciones elementales como proposiciones de *sense-data*, por ejemplo, queda automáticamente descartada. Lo mismo pasa con lo que es el gran mecanismo empirista de iniciación en el lenguaje, esto es, la definición ostensiva. En relación con esto, el pensamiento de Wittgenstein es no sólo brillante y profundo, sino irrefutable. Veamos rápidamente qué dice.

El problema tradicional es que como no podemos definir verbalmente todas las palabras, pues caemos en un regreso al infinito o en alguna variante de *circulus in probando*, se infiere que **tiene** que haber palabras cuyo significado sea transmitido no ya por otras palabras sino por una conexión directa con objetos de la realidad. Se supone que esa es la función de la definición ostensiva: se apunta a un objeto, se emite su nombre y se piensa que ese objeto es el significado de dicho nombre. Sin embargo, este modelo explicativo está, como es bien sabido, plagado de dificultades y es de hecho inservible, por lo menos así como se le presenta usualmente, y ello por diversas razones que el mismo Wittgenstein posteriormente formuló y en las cuales no necesitamos entrar. Lo que aquí nos interesa son las aclaraciones positivas con las que Wittgenstein reemplaza en el *Tractatus* el mito de la definición ostensiva. Su idea es más o menos la siguiente:

el problema de la prolongación al infinito de las explicaciones verbales simplemente no se plantea, porque el que haya signos simples no implica que sus significados no se nos puedan **explicar**. ¿Cómo se logra esto? Por medio de proposiciones, por la sencilla razón de que "Pertenece a la esencia de la proposición el que pueda comunicarnos un *nuevo* sentido".[26] O sea, con un mismo stock limitado de signos podemos construir y comunicar sentidos nuevos, de hecho un número infinito de ellos. "Una proposición tiene que comunicar un nuevo sentido con expresiones viejas."[27] Entonces el peligro de la circularidad simplemente

---

[26] L. Wittgenstein, *op. cit.*, 4.027.

[27] *Ibid.*, 4.03 (a).

queda conjurado, porque podemos mediante explicaciones (*i.e.*, elucidaciones) aclarar los significados de los signos simples.[28] El *quid* del asunto es precisamente que "con las proposiciones nosotros nos damos a entender".[29] Naturalmente, ello es factible gracias al carácter pictórico de la proposición: "Una proposición dice algo sólo en la medida en que es un retrato."[30] Supongamos que 'verde' es para nosotros un signo simple y que alguien desconoce su significado. Podemos, usando ese mismo signo cuyo significado desconoce, decirle cosas como 'esa pared es verde', 'el verde de esta bandera es diferente del verde de esta otra', 'esto no es verde', y así indefinidamente, hasta que el aprendiz entiende que 'verde' significa el color verde. En mi opinión, la sugerencia wittgensteiniana es acertada, entre otras razones porque hace que la explicación del significado se mantenga dentro del lenguaje. No se necesita recurrir a ninguna conexión inefable entre lenguaje, mente y realidad. Quizá lo único curioso en todo esto sea que se promueve una explicación de corte holista en un contexto proposicional abiertamente atomista. No hay en ello, sin embargo, contradicción alguna.

---

[28] Véase 4.026 (a).

[29] *Ibid.*, 4.026 (b).

[30] *Ibid.*, 4.03 (d).

Hay dos últimos puntos que quisiera rápidamente abordar, aunque sea de manera un tanto superficial, porque de no hacerlo el cuadro general de la teoría lógica de la representación quedaría como mutilado. Me refiero a las cuestiones de la determinación del sentido y al tema de la verdad. Consideremos primero el tema de la determinación del sentido. La perspectiva lógica nos fuerza a desdeñar todo lo que sea vago, de bordes borrosos, de *status* mutante. En lógica no se puede trabajar si no se tienen proposiciones perfectamente delineadas, por así decirlo. Las proposiciones complejas se tienen que poder reducir a proposiciones elementales, puesto que "Análisis completo de una proposición hay uno y sólo uno".[31] Si el análisis no fuera realizable, el sentido de las proposiciones sería ambiguo. Ahora bien, en relación con este punto Wittgenstein ofrece lo que presenta todas las apariencias de un argumento trascendental. Por 'argumento trascendental' entiendo aquí un argumento que proporciona o que gira en torno a lo que son condiciones necesarias para la posibilidad de algo. Aquí es importante distinguir entre 'condiciones de posibilidad' y 'condiciones necesarias de posibilidad'. Contrariamente a lo que muchos piensan, un argumento trascendental tiene que revestir la segunda modalidad, no conformarse con

---

[31] *Ibid.*, 3.25.

la primera. Ilustremos esto. Tenemos el lenguaje. Sin duda es una condición para que podamos hablar el que tengamos lengua, cuerdas vocales y campanilla, pero ciertamente estas condiciones no son condiciones necesarias: podemos imaginar la representación y la comunicación sin ellas. En cambio, no podemos imaginar la representación (y *a fortiori* diría el Wittgenstein del *Tractatus*, la comunicación) si desproveemos a los signos proposicionales de su carácter pictórico. Para decirlo paradójicamente, si las proposiciones no son retratos, entonces no son proposiciones. Dicho de otro modo, la pictoricidad está en la esencia del lenguaje, es una condición necesaria de su posibilidad.

Apliquemos ahora lo anterior al sentido: la condición necesaria para su posibilidad como sentido determinado es que haya signos simples, esto es, nombres, porque **si** no hubiera signos simples, entonces nos encontraríamos en la situación de que, en muchas ocasiones al menos, no podríamos adjudicarle a nuestras proposiciones ningún valor de verdad y entonces tendríamos que concluir que el sentido de nuestras proposiciones no está del todo determinado y eso es falso. Si no hubiera signos simples, entonces la aclaración del significado sí nos haría caer en un regreso al infinito: explicaríamos el sentido de una proposición en términos de otra, el de ésta en términos de otra, y así *ad infinitum*. En cualquier lenguaje posible, por lo tanto,

**tiene** que haber proposiciones elementales y signos simples. Ahora bien, cuáles sean esos signos simples y esas proposiciones elementales es un asunto que tiene que ver con la **aplicación** de la lógica y es, por consiguiente, algo que en principio no es de la incumbencia del filósofo. Preguntar en abstracto qué o cuáles son los signos simples es como preguntar qué son los objetos, es decir, es plantear una pregunta absurda.

Por último, está el tema de la verdad de las proposiciones. No olvidemos que el *Tractatus* no puede tener como objetivo otra cosa que darnos lo que habría que llamar la 'teoría lógica de la verdad'. El rasgo lógico primordial de una proposición es su carácter bipolar, esto es, que es o verdadera o falsa y el que las proposiciones sean verdaderas o falsas sólo es posible precisamente porque nos las habemos con retratos: "Una proposición puede ser verdadera o falsa sólo en la medida en que es un retrato de la realidad."[32] Ahora bien ¿en qué consiste la corrección de un retrato y, *a fortiori*, la verdad de una proposición? Lo que Wittgenstein dice: "Es en la concordancia o no concordancia de su sentido con la realidad que consiste su verdad o falsedad."[33] Aquí la cuestión es: ¿cómo vamos a entender esto? *Prima facie*, hay al menos dos lecturas posibles.

---

[32] *Ibid.*, 4.06.

[33] *Ibid.*, 2.222.

La primera, muy extendida pero que yo descartaría sobre todo si se le propone sin matices, hace del *Tractatus* un crudo defensor de la teoría de la correspondencia. Esta lectura parece recibir un apoyo complementario de la afirmación de que "Un retrato concuerda con la realidad o no; es correcto o incorrecto, verdadero o falso".[34] Ahora bien, es obvio que esta lectura se basa en la alusión a los hechos, por lo que se reduce a interpretar 'concordancia' como 'correspondencia'. Pero el asunto no es tan simple. Para empezar hay un problema de raíz con esta interpretación, *viz.*, que incorpora en la perspectiva puramente lógica del *Tractatus* una noción que no es lógica, sino que incluye también factores de carácter empírico. 'Correspondencia' es un término adecuado para quien se ocupa de los contenidos de nuestras proposiciones, de nuestras creencias, del conocimiento en general, pero no forma parte del vocabulario en un programa en el que esos temas quedaron descartados *a priori*. Es obvio que **si** la significatividad brota de la vinculación de signos con los objetos, 'concordancia' habrá de ser entendida en términos de correspondencia, pero eso es una consecuencia de conjugar la caracterización de la verdad **con** la de significatividad. Pero el punto es que la noción de "concordancia" **tiene** que poder ser entendida en un sentido estrictamente **lógico**, es decir, formal

---

[34] *Ibid.*, 2.21.

y necesario, y en ese caso el concepto de concordancia no necesariamente es equivalente al de correspondencia, sino más bien a algo así como "satisfacción". Dijimos que nuestro guía era el lenguaje canónico de la lógica de primer orden, pero si ello es así entonces lo que Wittgenstein está afirmando es algo como:

> '$p$' es verdad si y sólo si concuerda con $p$, es decir, '$p$' es verdad si y sólo si $p$, o bien
>
> '$fa$' es verdad si $fa$ y $fa$ se da si y sólo si $a$ tiene $f$, esto es, si '$a$' satisface la función '$f$'.

De hecho, esto es lo que J. Hintikka sostiene: "Es inclusive más interesante notar que la relación de correspondencia que, según este análisis, constituye la verdad de una proposición elemental, es esencialmente la misma relación que hace verdadera a dicha proposición según las definiciones de verdad codificadas en la semántica lógica."[35] Y, más explícitamente aún, aclara: "En pocas palabras, en lo que a las proposiciones atómicas concierne, *la así llamada teoría pictórica es equivalente a la cláusula para las oraciones atómicas en una definición de verdad de tipo Tarski.* La famosa relación de pictoriedad no es más que la relación de auto-isomorfismo misma que en la semántica lógica

---

[35] J. & M. Hintikka, *Investigating Wittgenstein* (Oxford: Basil Blackwell, 1986), p. 94.

define la verdad de las oraciones atómicas. La mal etiquetada 'teoría pictórica del lenguaje' no es más que la anticipación de Wittgenstein de la primera cláusula de una definición de verdad de tipo Tarski."[36] Se sigue que lo que el *Tractatus* nos da es en primer término lo que habría que llamar la 'teoría lógica de la verdad'. Pienso que las observaciones de Hintikka son inobjetables y que efectivamente la teoría lógica de la verdad presentada en el *Tractatus* es simplemente la antecesora de lo que algunos años después llegaría a ser conocido como 'teoría semántica de la verdad'. Evidentemente, no hay en el *Tractatus* una formulación explícita y mucho menos sistematizada de la teoría tal como la que encontramos en la obra de Tarski, pero lo cierto es que la concepción de la verdad que después filósofos como Davidson sabrían explotar al máximo ya había sido puesta en circulación. Y lo que sí es correcto afirmar, como un corolario de la concepción lógica de la verdad, es que es sólo después de que se entendió que la verdad es una especie de concordancia, a la que se le puede conferir una formulación matemática, y que se comprendió que no hay proposición genuina que no apunte a hechos en el espacio lógico, que hace su aparición la idea de correspondencia. Pero ésta es el resultado de la aplicación a las proposiciones

---

[36] *Ibid.*, p. 95.

de la concepción lógica de la verdad y no la remplaza o se identifica con ella.

Pero podemos ir más allá y sostener que en realidad el *Tractatus* contiene no dos sino tres "teorías" de la verdad. Está, en primer lugar y como ya vimos, la teoría pretarskiana de la verdad, esto es, la teoría lógica de la verdad que, aunque una trivialidad, es de todos modos ineludible y vale para todo signo proposicional posible; como consecuencia de ésta, al considerar las auténticas proposiciones es plausible adscribirle al *Tractatus* algo así como la teoría de la correspondencia; y, por último, es factible hacer ver que está implícita en el libro la que se conoce como 'teoría de la redundancia'. Es a G. E. Moore a quien se le debe la reconstrucción de esta tercera teoría de la verdad a partir del material del *Tractatus*.[37] No entraré aquí y ahora en los detalles de dicha reconstrucción con los que, pienso, se confirmaría lo que estoy afirmando. En lo que sí quisiera insistir es en que no se sigue de todo ello que la posición de Wittgenstein frente a la verdad sea incoherente, sino más bien que él ilumina el concepto de verdad desde diferentes perspectivas y enfatizando diferentes conexiones entre el concepto de verdad y otras nociones, como las de significatividad, proposición e implicación. Las teorías de la verdad lógica, de

---

[37] Véase su libro *Some Main Problems of Philosophy* (London: Allen & Unwin, 1953).

la correspondencia y de la redundancia no se excluyen mutuamente, puesto que se ocupan de aspectos distintos del concepto.

Con esto terminamos nuestro veloz recorrido por los dominios de lo que se conocía como 'teoría pictórica'. Si bien son muchos los temas que, por razones de espacio, nos vimos forzados a dejar de lado e ignorar, de todos modos creo que sí logramos despejar algunos malentendidos y que logramos pintar un cuadro fidedigno de los puntos de vista más importantes que sobre el lenguaje Wittgenstein enuncia en su gran libro.

IV

# LA NATURALEZA DE LA LÓGICA

## I) TRASFONDO

Como ya lo indiqué, sostengo que si el *Tractatus Logico-Philosophicus* es caracterizable de algún modo lo es ante todo o en primer término como un libro de filosofía de la lógica. Lo que quiero decir es no sólo que es mucho y muy importante lo que tiene Wittgenstein que decir sobre la lógica, sino sobre todo que ésta constituye la columna vertebral de la filosofía en él contenida. De hecho, todo gira en torno a ella. Es, pues, hora de examinar la concepción wittgensteiniana de la lógica. Por lo pronto y a manera de introducción, quisiera señalar que en su libro Wittgenstein emplea la palabra 'fundamental' en dos ocasiones y en ambos casos se refiere a la lógica. En una habla de su "pensamiento fundamental" y en el otro de su "principio fundamental". Afirma:

> 1) "Mi pensamiento fundamental es que las 'constantes lógicas' no representan, que la lógica de los hechos no se deja representar."[1]

---

[1] L. Wittgenstein, *Tractatus Logico-Philosophicus* (London: Routledge and Kegan Paul, 1978), 4.0312 (b).

Y luego nos dice:

2) "Nuestro principio fundamental es que toda cuestión que la lógica pueda resolver tiene que poder resolverse sin más."[2]

En su espléndido (aunque polémico) libro, *Wittgenstein's Apprenticeship with Russell*,[3] G. Landini atinadamente toma el primero de los pronunciamientos mencionados para efectuar una convincente (reconstrucción de las ideas del *Tractatus* y lo que él logra hacer ver es que por lo menos para mucho del contenido de libro la cita (1) efectivamente es el pensamiento clave del libro. En este capítulo, aunque con objetivos diferentes, me propongo seguir la misma línea de pensamiento. Una de las ventajas de este enfoque es que gracias a él la posición general de Wittgenstein se vuelve mucho más transparente y comprensible, entre otras razones porque permite establecer conexiones entre diversos pronunciamientos del texto que bajo cualquier otra interpretación no sería tan fácil establecer. En efecto, las dos proposiciones mencionadas fijan de entrada un marco general con una orientación claramente determinada. A reserva desde luego de expandir lo que ahora

---

[2] *Ibid.*, 5.551 (a).

[3] G. Landini, *Wittgenstein's Apprenticeship with Russell* (USA: Cambridge University Press, 2007).

diga, pienso que lo que Wittgenstein afirma es no sólo de primera importancia, sino extraordinariamente claro: nos está diciendo, por una parte, que lo que él llama 'constantes lógicas', esto es, el todo de las nociones usualmente empleadas en lógica (cuantificación, identidad, conectivas, etc.), **no denotan**. Dicho en forma escueta, en lógica no aparecen nombres de nada ni, por consiguiente, tenemos, estrictamente hablando, proposiciones, esto es, retratos de hechos. Se sigue que no hay tal cosa como "hechos lógicos". Como una consecuencia inmediata de este punto de partida está la convicción de que simplemente no puede haber algo así como "experiencia lógica" o "experiencia de la lógica", ni por lo tanto "intuiciones", visiones y demás. Por otra parte, a través de su segundo pronunciamiento Wittgenstein nos está indicando que la reflexión sobre la lógica tiene que ser enteramente *a priori*, en el sentido de que los resultados a los que se llegue tienen que ser necesarios y universalmente válidos, que en este contexto no pueden avanzarse meras "hipótesis", que no se habla en relación con la lógica de experimentos, de probabilidad, etc. Naturalmente, el texto mismo contiene argumentos concretos que dejan firmemente establecidas estas dos posiciones fundamentales.

Lo anterior contribuye a explicar un rasgo esencial en la concepción tractariana de la lógica, a saber, que para Wittgenstein la lógica es siempre tanto lógica **del** mundo ("La lógica", nos dice, "permea el mundo; los límites del mundo son también sus límites"[4]) como lógica **del** lenguaje, por lo que parte de su utilidad consiste precisamente en exhibir las relaciones estructurales que mantienen entre sí las proposiciones. Para Wittgenstein, por consiguiente, es simplemente ocioso pretender efectuar una investigación sobre la naturaleza de la lógica en forma totalmente aislada, al margen por completo de todo lo que tiene que ver con su aplicación. La lógica **es** el *medium* universal al que todo se subordina. Es justamente por ello, *i.e.*, porque no hay una plataforma más básica que la constituida por ella, que la lógica es trascendental, lo cual significa que no puede ser expresada en palabras. Ahora bien, es importante observar que la posición universalista de la lógica defendida en el *Tractatus* no es el resultado de una genial inspiración, sino que fluye de manera natural a partir de los pensamientos fundamentales mencionados más arriba. Por último, quisiera señalar que así como no tiene el menor sentido hablar de un pensamiento ilógico, tampoco lo tiene hablar de un mundo ilógico o de un lenguaje ilógico. Una vez establecidas las convenciones lingüísticas indispensables para poder decir algo,

---

[4]  L. Wittgenstein, *op. cit.*, 5.61 (a).

la ilogicidad sólo puede brotar por la falta de referencia, esto es, por no haberle asignado un significado a algún nombre. Sobre esto regreso más adelante.

## II) Filosofía de la lógica

Como trataré de hacer ver, la filosofía de la lógica del *Tractatus* es exuberantemente rica. De hecho, Wittgenstein desempeña en relación con la lógica un rol muy semejante al que juegan Frege y Russell *vis à vis* las matemáticas. Sin duda uno de los objetivos de estos últimos era poner orden en el mundo de las matemáticas, lo cual significaba aclarar sus nociones y rectificar sus procedimientos, y ellos pensaban que el instrumento adecuado para dicha labor era la lógica. Pero Wittgenstein piensa lo mismo del trabajo en lógica por parte de Frege y de Russell: el gran trabajo técnico pionero que ellos habían desarrollado estaba urgido de aclaración filosófica. Desde este punto de vista y exagerando un poco a fin de resaltar mejor tanto los objetivos de Wittgenstein como la situación general, quizá podríamos afirmar que el logicismo es a las matemáticas lo que el *Tractatus* al logicismo. Por lo menos esa es una ambición que sensatamente podríamos adscribirle al joven Wittgenstein.

En el *Tractatus* encontramos dos grupos de reflexiones sobre la lógica. Están, por una parte, las proposiciones referentes a los cálculos lógicos, al trabajo en lógica, y, por la otra, las reflexiones concernientes a la naturaleza de la lógica en abstracto o en general. Lo primero tiene que ver con cuestiones como la importancia de las definiciones, las características de las nociones primitivas, las ventajas de un lenguaje regido por la sintaxis lógica (el "Begriffsschrift" wittgensteiniano), la aclaración de lo que es una demostración en lógica, el papel de la intuición, la relevancia o irrelevancia del signo de aserción, etc. Lo segundo en cambio versa más bien sobre temas como las propiedades semánticas de las "constantes lógicas", la naturaleza de la verdad lógica, las relaciones entre lo lógico, lo lingüístico y lo factual (o entre la logicidad, el lenguaje y la factualidad), los rasgos del "conocimiento lógico", etc. Es probable que en la actualidad algunas de las observaciones wittgensteinianas del primero de los dos grupos mencionados hayan perdido vigencia, lo cual es por otra parte perfectamente comprensible, pero en cambio su concepción global de la lógica está a la orden del día, aunque sea por el hecho de que no hay suficientes elementos para pensar que ya se construyó una concepción completa alternativa a la de Wittgenstein. Antes de entrar en esta segunda área de su filosofía de la lógica, consideraré primero rápidamente sus observaciones concernientes a algunas características y condiciones importantes que se tienen que satisfacer para trabajar dentro de un sistema formal.

## III) Filosofía del cálculo lógico

De entrada habría que admitir que los señalamientos de Wittgenstein no resultan aquí y ahora, después de un siglo de trabajo intenso en lógica, particularmente reveladores. Sin embargo, juzgarlos de manera descontextualizada sería no sólo sumamente injusto, puesto que es claro que en su momento prácticamente nadie se fijaba con la minuciosidad con que él lo hizo en las diversas características de los cálculos lógicos, sino también torpe, ya que el *Tractatus* incorpora muchas observaciones brillantes sobre el trabajo en lógica. Podemos describir la situación general como sigue: lo que en su momento ponía de relieve una gran perspicacia y una capacidad inusual de detección de las peculiaridades del cálculo (proposicional y de predicados) es ahora parte del sentido común en lógica. Lo mismo ha sucedido con otros grandes pensadores (como Marx o Freud) y no por ello han menguado la importancia y la profundidad de sus obras. Por otra parte, sería útil notar que el mérito de Wittgenstein proviene en gran medida del hecho de que él va haciendo observaciones muy pertinentes casi de manera intuitiva, sin antecedentes, por así decirlo, a ciegas. Considérese, por ejemplo, la cuestión de lo que Russell llamaba los 'indefinibles de la lógica'. Al respecto, Wittgenstein afirma: "Si hay signos primitivos en lógica, una lógica correcta tiene que aclarar sus respectivas posiciones y justificar su existencia. La construcción de la lógica *a partir de* sus signos primitivos tiene que quedar clara."[5] O sea, Wittgenstein traza aquí tajantemente la distinción entre nociones primitivas y nociones derivadas y exige que las segundas se **definan** en términos de las primeras; acto seguido explica por qué tiene ello que ser así. Como acabo de sugerir, no sería fácil determinar si es gracias a una intuición o porque ello es lógicamente obvio, pero el hecho es que para Wittgenstein los conceptos primitivos **tienen** que ser independientes unos de otros. "Si la lógica tiene conceptos fundamentales, éstos tienen que ser independientes unos de otros."[6] Un peligro que Wittgenstein quiere conjurar es el de la ambigüedad, es decir, que en un contexto determinado un signo signifique algo y en otro contexto otro, que en ciertas fórmulas signifique algo y en otras otra cosa. La negación, por ejemplo, tiene que significar lo mismo

---

5   *Ibid.*, 5.45.
6   *Ibid.*, 5.451 (a).

en todas las fórmulas en las que aparezca. Por otra parte, si una noción es definible en términos de otra, entonces es lógicamente redundante y no puede pertenecer al grupo selecto de las nociones fundamentales o primitivas. Así, él exige que el mismo rigor que Frege demandaba para sus definiciones se aplique también a los términos primitivos. "En pocas palabras, lo que Frege (*Grundgesetze der Arithmetik*) sostenía acerca de la introducción de signos por medio de definiciones vale, *mutatis mutandis*, para la introducción de signos primitivos."[7] En concordancia con ello, lo que definitivamente queda proscrito son las "explicaciones", las aclaraciones, como diría posteriormente, "en prosa". "En lógica no se puede introducir ningún nuevo mecanismo entre paréntesis o al margen — por así decirlo, distraídamente."[8] Curiosamente, ese es un defecto con el que a menudo uno se encuentra en libros de lógica. Un concepto que ilustra bien esto último es, por ejemplo, el de conjunto: se "define" 'conjunto' en términos de sus miembros y luego se "explica" en palabras lo que es el conjunto vacío. En todo caso, esta distinción entre nociones primitivas y derivados es algo más que una exigencia de purismo formal, pues le permite entre

---

[7] *Ibid.*, 5.541 (b).

[8] *Ibid.*, 5.452 (a).

otras cosas asestar algunos duros golpes al trabajo de Russell:

> Un concepto formal ya está dado tan pronto se dé un objeto que caiga bajo él. No se puede, pues, introducir como idea primitiva los objetos que caen bajo un concepto formal *y* el concepto formal mismo. Así, por ejemplo, no se puede introducir como ideas primitivas (que es lo que Russell hace) tanto el concepto de función como funciones específicas; o el concepto de número y números particulares.[9]

Un tema similar a este es el de la naturaleza de las demostraciones en lógica. Wittgenstein siempre combatió la mezcla de procedimientos y mecanismos de las ciencias naturales con las de la lógica, puesto que en más de un sentido la lógica es especial, no tiene un contenido propio identificable, sólo que más abstracto que los de las demás ciencias. En ciencia hay experimentos, en lógica demostraciones; en ciencia hay hipótesis, en lógica axiomas o teoremas; y así sucesivamente. Al considerar la cuestión de la naturaleza de la demostración en lógica, lo que Wittgenstein nos dice es algo que para nosotros, aquí y ahora, puede no resultar novedoso, pero es igualmente cierto que sí lo era cuando él escribía. Es claro, por otra parte, que

---

[9] *Ibid.*, 4.12721.

en el *Tractatus* él tenía en mente lo que son las demostraciones en un sistema axiomático: "La prueba de una proposición de la lógica consiste en que se le puede obtener a partir de otras proposiciones de la lógica a través de aplicaciones sucesivas de ciertas operaciones que siempre generan a partir de las primeras proposiciones nuevas tautologías."[10] Evidentemente, las operaciones de las que habla tienen que ver con reglas válidas de inferencia. En la actualidad ya se estandarizó la idea de que una prueba es una secuencia de proposiciones en donde la última proposición es la conclusión obtenida a través de la aplicación de reglas de inferencia cuya validez quedó previamente demostrada (es decir, se demostró que nunca llevan de verdad a falsedad). Es perfectamente comprensible que Wittgenstein no se ocupara de otra cosa en lógica que de sistemas como el de *Principia Mathematica* y que sistemas de deducción natural, en donde la lógica es claramente concebida como un juego formal, le fueran ajenos, pero por razones obvias eso no debería extrañar o sorprender a nadie. Evaluar la situación de otro modo sería de un anacronismo inaceptable. Pero esto explica por qué para Wittgenstein "En lógica, una prueba no es más que un recurso mecánico para facilitar el reconocimiento de las tautologías, cuando

---

[10] *Ibid.*, 6.126 (c).

éstas son complicadas".[11] Esto requiere ser matizado, para lo cual se puede aprovechar un cierto paralelismo que vale entre las proposiciones y las verdades de la lógica: así como las proposiciones son todas del mismo valor, así también las proposiciones de la lógica están todas, por así decirlo, al mismo nivel: "Todas las proposiciones de la lógica son del mismo rango. Entre ellas no hay unas que sean principios fundamentales y otras proposiciones derivadas."[12] Aunque para él todas las verdades del cálculo proposicional son, digamos, equivalentes, lo cierto es que nosotros operamos más con unas que con otras y partimos de proposiciones simples para la extracción de tautologías cada vez más complejas. Desde la optimista perspectiva de la lógica de principios del siglo pasado a eso se reduce el trabajo en lógica.

Vale la pena notar que está involucrada en lo anterior una cierta concepción de la lógica que ni es fácilmente perceptible ni probablemente le resultaría atractiva o convincente a muchos lógicos y filósofos de la lógica contemporáneos. Quizá más que de "concepción" deberíamos hablar aquí de "ideal". Ya señalamos que para Wittgenstein la lógica es, *inter alia*, la lógica **del** lenguaje. La lógica, por lo tanto, tiene que ver, como parte de su *raison d'être*, con las pro-

---

[11] *Ibid.*, 6.1262.
[12] *Ibid.*, 6.127 (a).

posiciones y su *status* se explica por su relación con ellas. Ciertamente no todos los filósofos de la lógica perciben la cuestión así. A menudo dicha conexión es simplemente ignorada y se piensa que nuestros razonamientos se explican por o gracias a las reglas de inferencia a las que recurrimos. Wittgenstein, sin embargo, piensa enfáticamente que ello no es así: para él, las transiciones formales se justifican única y exclusivamente por las estructuras proposicionales mismas. La lógica simplemente las exhibe. Su idea es que en principio, por lo menos en un lenguaje regido estrictamente por la sintaxis lógica, las reglas de inferencia serían totalmente superfluas. Como él mismo dice:

> Si $p$ se sigue de $q$, entonces puedo inferir $p$ de $q$; deducir $p$ de $q$.
> La clase de inferencia se extrae únicamente de las proposiciones.
> Sólo ellas pueden justificar la inferencia.
> Las 'reglas de inferencia' que - según Frege y Russell - deberían justificar las deducciones carecen de sentido y son superfluas.[13]

Landini ha expuesto con claridad la idea de fondo: "Si todas las nociones lógicas (y semánticas)

---

[13]  *Ibid.*, 5.132.

son pseudo-conceptos, un sistema de deducción formal debe ser eliminado en favor de la concepción de que el *status* de una fórmula como una verdad lógica, una verdad contingente o una contradicción debería ser mostrada por la sintaxis de su mera expresión en el lenguaje ideal para una ciencia empírica."[14] Claramente, la concepción wittgensteiniana de la lógica no se puede reconstruir si se le disocia de la concepción wittgensteiniana de la proposición.

Una idea interesante conectada con lo anterior y en relación con la cual Wittgenstein parece haber percibido algo importante concierne al *modus ponens*. Para él, tanto como para Frege y Russell, el *modus ponens* expresa mejor que cualquier otra regla de inferencia la idea de conexión proposicional, esto es, de implicación recogida en la lógica por el condicional material. Ahora bien, es evidente que este rol del *modus ponens* no es una mera casualidad ni el resultado de una mera estipulación, sino el reflejo en el terreno formal de un principio semántico que rige las relaciones entre proposiciones **en** el lenguaje natural, a saber, que lo implicado por una proposición verdadera es verdadero. El *modus ponens* **muestra** mejor que cualquier otra regla esta idea de implicación. En palabras de Wittgenstein: "Expuesta en signos, toda proposición de la lógica es un *modus ponens*. (Y el

---

[14] G. Landini, *op. cit.*, p. 113.

*modus ponens* no puede expresarse por medio de una proposición)."[15] Pero, una vez más, hay que percatarse de que Wittgenstein no dice esto como resultado de una improvisación, sino por la vinculación que él percibe entre la lógica y el lenguaje. Su concepción del *modus ponens* es una consecuencia de dicha vinculación, no un pensamiento aislado más.

Mencioné la relación que hay entre el *modus ponens* y el principio semántico de que lo implicado por una proposición verdadera es verdadero, pero ahora ¿cómo nos explicamos la validez y la importancia de dicho principio y, por ende, las del *modus ponens* mismo? Muchos lógicos operantes pensarían que ya tocamos fondo y que no hay nada más que explicar. Lo que muchos dirían es simplemente que "es evidente" que ello es así. Pero Wittgenstein hace un esfuerzo por no recurrir a nociones como las de evidencia, obviedad, claridad, etc., sino por dar cuenta del tema en cuestión. En este caso él lo hace en términos de lo que llama 'fundamentos de verdad'. Aquí tenemos una cadena proposicional que vale la pena reproducir. Para empezar Wittgenstein nos dice que desea "llamar *fundamentos de verdad* de una proposición a las posibilidades de verdad de sus argumentos de verdad que la confirman".[16] Y prosigue: "Si todos

---

[15] L. Wittgenstein, *op. cit.*, 6.1264 (b).

[16] *Ibid.*, 5.101 (c).

los fundamentos de verdad que son comunes a un número de proposiciones son también los fundamentos de verdad de una determinada proposición, entonces decimos que la verdad de esta proposición se sigue de la verdad de esas proposiciones."[17] Esto es algo que en una notación perspicua sería de inmediato perceptible. De ahí que sostenga, como un caso particular de lo anterior, que "la verdad de una proposición '$p$' se sigue de la verdad de otra proposición '$q$' si todos los fundamentos de verdad de la segunda son los fundamentos de verdad de la primera".[18] Esto palpablemente se aplica al *modus ponens*: "Los fundamentos de verdad de una están contenidos en los de la otra; $p$ se sigue de $q$."[19] Conclusión: "Si '$p$' se sigue de '$q$', entonces el sentido de '$p$' está contenido en el de '$q$'."[20] Esto es una **explicación** de algo que todo mundo acepta pero que pocos aclaran, a saber, la validez indiscutible del *modus ponens*. Y, naturalmente, la implicación misma que se da entre dos proposiciones se muestra y es vano tratar de ponerlo en palabras.

Otro tópico que quisiera mencionar en relación con lo que podríamos llamar la 'filosofía del cálculo lógico' del *Tractatus* tiene que ver con la cuestión de

---

[17]  *Ibid.*, 5.11.

[18]  *Ibid.*, 5.12.

[19]  *Ibid.*, 5.121.

[20]  *Ibid.*, 5.122.

la evidencia y de la intuición en lógica. Tanto Frege como Russell se sentían forzados a recurrir a la "intuición", al "carácter obvio" de la corrección de la aplicación de una regla, de la "verdad" de un axioma, etc. Wittgenstein se inconforma con esta manera de justificar algo en lógica: "En verdad es sorprendente que un pensador tan exacto como Frege haya apelado al grado de claridad como un criterio para las proposiciones de la lógica."[21] Independientemente de si eso era lo que explícitamente él combatía o no, lo cierto es que con este "criterio" Frege infecta de subjetivismo a la filosofía de la lógica, puesto que lo que pase por "evidente" lo será para nosotros. Y lo mismo pasa con Russell: no es que la lógica en sí misma sea "auto-evidente", sino que en la medida en que tiene que ver con las proposiciones, es decir, con el lenguaje, tiene que ver con el pensamiento y, como ya vimos, una de las ideas fundamentales del *Tractatus* es precisamente que no hay tal cosa como pensamiento ilógico: "Es porque el lenguaje mismo impide todo error lógico que la evidencia, de la que tanto hablaba Russell, se vuelve dispensable en lógica.- El que la lógica sea *a priori* consiste en que no se *puede* pensar ilógicamente."[22] Wittgenstein hace, pues, un serio esfuerzo por encontrar una forma objetivista de

---

[21]  *Ibid.*, 6.1271.

[22]  *Ibid.*, 5.4731.

justificar el carácter *a priori* de la verdad de la lógica y de la cual todo recurso a la subjetividad quede desechado.

Un último punto que quisiera considerar, aunque sea brevemente, es el ataque de Wittgenstein a la noción lógica de identidad y, por consiguiente, al uso del signo lógico '='. Una vez más, parecería que lo que está en el fondo de la discusión es una gran confusión. Veamos de qué se trata.

Frege fue quizá el primero en plantear sin ambigüedades la cuestión de la diferencia entre '$a = a$' y '$a = b$', cuando efectivamente $a$ es "idéntico" a $b$. Él señala diferencias obvias (una proposición es conocida *a priori*, la otra no, una proposición es analítica, la otra no, etc.), pero su solución personal viene dada en términos de las nociones de sentido y referencia. La solución fregeana de hecho equivale a una reivindicación de la noción de identidad, una noción abiertamente hecha suya también por Russell. Ahora bien, en el *Tractatus* Wittgenstein desarrolla un destructivo ataque a dicha noción. ¿Cómo se explica esto? ¿No es absurdo un ataque así?

La crítica de Wittgenstein es simple, pero incontenible: "A grandes rasgos: decir de *dos* cosas que son idénticas es un sinsentido y decir de *una* cosa que es idéntica a sí misma no es decir nada."[23] La pregunta aquí es: ¿qué pretende Wittgenstein con esto? Quizá lo primero que habría que recordar es que para él la noción de identidad es una noción semántica y, por consiguiente, no es expresable en el lenguaje. La identidad, sea lo que sea, tiene que **mostrarse** en el simbolismo y en eso precisamente consiste su solución. Él claramente explica que en un lenguaje regido por la sintaxis lógica las expresiones de identidad quedarían proscritas, puesto que se habría mostrado que son redundantes. En él, lo que ahora expresamos por medio del signo '=' quedaría expresado por el uso de los mismos nombres. "Expreso la identidad de un objeto por medio de la identidad de un signo y no con la ayuda de un signo de identidad. La diferencia de objetos la expreso a través de la diferencia de signos."[24] Empero, asumiendo que la crítica está justificada, de todos modos nos queda el problema de explicar la diferencia entre expresiones como '$a = a$' y expresiones como '$a = b$'. Es perfectamente aceptable la idea de que expresiones como '$a = a$' no sirven para absolutamente nada, inclusive si no pueden ser falsas, pero de seguro que expresiones de la forma '$a = b$' nos son no sólo útiles, sino indispensables. ¿Estaría proponiendo Wittgenstein que nos desprendiéramos de expresiones así?

---

[23] *Ibid.*, 5.5303.

[24] *Ibid.*, 5.53.

Me parece que sugerir algo así sería simplemente descabellado. ¿Cómo explicamos entonces la situación? Yo pienso que en lo que hay que fijarse es en el signo '='. Es relativamente obvio que es un signo que no tiene un único significado. En proposiciones como '$a = a$', '=' opera como el signo de identidad lógica, pero en expresiones como '$a = b$' no. La explicación es simple: signifiquen lo que signifiquen, las proposiciones de la forma '$a = b$' son contingentes y no puede haber enunciados contingentes de identidad lógica. O sea, lo que en realidad afirma un enunciado de la forma '$a = b$' es lo que podríamos llamar 'identidad contingente' o 'identidad no lógica'. Un enunciado lógico de identidad es verdadero **en cualquier contexto discursivo**, es decir, tanto en la lógica extensional como en la modal, la temporal, las actitudes proposicionales, etc. Obviamente, no es ese el caso con los enunciados de identidad no lógica. El problema, por lo tanto, proviene del hecho de que un mismo signo está denotando dos nociones emparentadas pero diferentes, una útil y una inútil. La crítica de Wittgenstein concierne a esta última.

Cuando se usa el signo de identidad contingente se enuncia una relación que, estrictamente hablando, no es de identidad más que si forzamos mucho nuestro modo de hablar. Ciertamente podemos decir que Napoleón es idéntico a Napoleón, aunque no sea más que para enunciar una trivialidad, pero en el lengua-je coloquial correcto no decimos nunca cosas como 'Napoleón es idéntico al vencedor de Marengo'. Esa es una forma de hablar completamente artificial im-puesta por los lógicos. De lo que hablamos en casos así es de que podemos remplazar en el discurso un ob-jeto por otro, pero como la mismidad o identidad en cuestión es contingente, los reemplazos están sujetos a las leyes de inferencia válida, a diferencia de lo que pasa con expresiones como 'Napoleón es Napoleón' para las cuales no hay restricciones de ninguna ín-dole. En realidad, el diagnóstico último de la situación lo proporciona la Teoría de las Descripciones, puesto que muestra que si '=' es usado con sentido es preci-samente porque no estamos haciendo un uso lógico de él y, por consiguiente, no lo estamos aplicando a nombres en el sentido lógico estricto. En el ejemplo que di, 'el vencedor de Marengo' es una descripción y 'Napoleón' es una descripción encubierta. En casos así no se está haciendo uso de la noción lógica de iden-tidad. La moraleja filosófica que Wittgenstein extrae es simplemente que el signo de identidad lógica es dispensable en el lenguaje canónico de la lógica.

Con esto tenemos un *aperçu* de la clase de ob-servaciones que Wittgenstein hace sobre el simbolis-mo lógico y el trabajo en lógica. Podemos ahora pasar a la segunda faceta de su reflexión, esto es, la concerniente a la verdad lógica y, más en general, a la naturaleza de la lógica, un ámbito de reflexión en donde su impacto ha sido mucho mayor.

## IV) Verdad lógica

Cuando pasamos al área de la reflexión general sobre la naturaleza de la lógica, es difícil no percatarse de inmediato que lo que Wittgenstein tiene que decir es no sólo de primera importancia, sino increíblemente actual. Yo dudo de que haya muchas doctrinas alternativas de la lógica y de la verdad lógica a la concepción desarrollada en el *Tractatus*. Ahora bien, siempre se podrá argumentar que para poder delinear dicha concepción Wittgenstein tuvo que haber tenido alguna clase de "intuición" al respecto, pero a mí me parece que, independientemente de ello, lo que permitió que se gestara fue una idea precisa de la relación que se da entre la lógica y el lenguaje, por una parte, y la lógica y el mundo, por la otra. Intentaré poner esto en claro.

La intuición de arranque, el punto de partida, es la convicción de que tiene que haber una diferencia radical entre las proposiciones normales y las proposiciones de la lógica: "La explicación correcta de las proposiciones de la lógica tiene que conferirles un lugar especial entre todas las proposiciones."[25] Aquí ya hay un distanciamiento claro frente a posiciones empiristas radicales, como la representada por J. S. Mill. Para éste, por ejemplo, las proposiciones de la lógica son proposiciones genuinas, pero por otra parte no hay proposición genuina que no haya sido obtenida inductivamente. La conclusión se sigue por sí sola. Habría que señalar que no todas las posiciones empiristas son tan claras o congruentes, inclusive si son falsas. Por ejemplo, la posición de Quine es todo menos clara, pues no es nada fácil ver cómo puede él conciliar su concepción de la verdad lógica (como resultante de un esquema proposicional que da lugar a proposiciones tales que, si lo único que se modifica es el léxico, siempre son verdaderas) y su celebérrima metáfora de la isla proposicional rodeada por el mar de la experiencia de acuerdo con la cual en principio absolutamente **cualquier** proposición puede ser puesta en tela de juicio. Qué tendría que pasar, cómo se podría poner en crisis una verdad lógica, es algo sobre lo que Quine no proporciona mayores indicaciones. En todo caso, y eso es realmente lo único que aquí nos incumbe, la posición de Wittgenstein no podría ser más contraria a la defendida por pensadores como Quine y Mill.

---

[25] *Ibid.*, 6.112.

La característica fundamental de las proposiciones de la lógica es que, a diferencia de lo que pasa
con las proposiciones usuales, con sólo examinarlas
podemos reconocer su verdad. "La nota característica de las proposiciones de la lógica es que se puede
reconocer sólo por el símbolo que son verdaderas y
este hecho contiene en sí mismo el todo de la filosofía de la lógica. Y es también uno de los hechos más
importantes el que la verdad o la falsedad de las proposiciones que no pertenecen a la lógica no se pueda
reconocer sólo en las proposiciones."[26] Esto tiene una
implicación obvia que es de primera importancia: el
que no se necesite confrontar o contrastar las proposiciones de la lógica con la realidad para determinar
su valor de verdad establece más allá de toda duda
posible que las proposiciones de la lógica **no** son retratos de nada. Esto está plenamente en concordancia con lo que dijimos que era el pensamiento nodal
del *Tractatus*, a saber, que las "constantes lógicas"
no representan nada y que por consiguiente no hay
hechos lógicos. Se sigue de lo que estamos diciendo que las proposiciones de la lógica, estrictamente
hablando, no **dicen** nada. Como dice Wittgenstein:
"Yo no sé nada, por ejemplo, acerca del tiempo si sé
que llueve o no llueve."[27] Contrariamente a lo que

---

[26]   *Ibid.*, 6.113.

[27]   *Ibid.*, 4.461 (e).

pensaba Russell, para quien las proposiciones de la lógica sirven para hacer aseveraciones acerca de algo específico, *viz.*, las formas lógicas, las proposiciones de la lógica son vacuas, no tienen contenido, no versan sobre nada.

En este punto es importante introducir una distinción wittgensteiniana fundamental, a saber, la distinción entre "carecer de sentido" (*sinlos*) y "ser un sinsentido" (*unsinnig*). Un sinsentido es un absurdo, una expresión que no es ni verdadera ni falsa, pero es obvio que las proposiciones de la lógica no son absurdos. Pero admitiendo que ello es así: si las proposiciones de la lógica no dicen nada ¿por qué entonces son importantes, para qué tomarlas en cuenta, por qué ocuparnos de ellas? La respuesta es que si bien las proposiciones de la lógica no **dicen** nada, sí **muestran** en cambio algo y algo importante. Aquí se hace sentir la idea ya mencionada de que la lógica es esencialmente la lógica **del** lenguaje y, por consiguiente, que no hay nada más estéril que el estudio de la lógica como si fuera una disciplina totalmente desligada e independiente de todo. Si bien la lógica es una condición para que el sentido emerja, también es cierto que la lógica es en cierto sentido dependiente de otras cosas. Esto es algo que exige ser explicado.

El espacio lógico resulta de la totalidad de las propiedades formales de todos los objetos. Por razones que ya ofrecimos, me limitaré a recordar que las propiedades formales (necesarias) de los objetos no se pueden expresar por medio de palabras, sino que se muestran en las aseveraciones que hacemos sobre ellos. Tenemos proposiciones elementales cuando retratamos hechos simples. Como todas las demás, estas proposiciones están estructuradas y se conectan con otras en función precisamente de sus respectivas estructuras. Lo que la lógica hace es justamente mostrar esas relaciones estructurales que en forma objetiva mantienen entre sí las proposiciones. Podemos inferir unas proposiciones a partir de otras porque sus combinaciones estructurales lo permiten. Si dos proposiciones se excluyen mutuamente, ello se pone de manifiesto en el hecho de que lo que tenemos es una contradicción. Pero la contradicción misma no dice nada, sino que simplemente exhibe la contraposición radical de dos proposiciones (*e.g.*, $p$ y $\sim p$).

Derivado de lo que acabamos de decir hay un punto muy importante que destacar: las proposiciones de la lógica, sean lo que sean, no son el resultado de estipulaciones ni de convenciones lingüísticas. Son, como veremos más adelante, el reflejo simbólico de relaciones entre estructuras proposicionales que a su vez exhiben las conexiones entre hechos y, por ende, entre objetos. Por ello, la condición fundamental para que pueda haber proposiciones lógicas es que haya proposiciones, esto es, retratos de hechos. Una vez que hemos introducido nombres para objetos (*i.e.*, objetos, propiedades y relaciones) y, más en general, que hemos establecido nuestra gramática de manera que podemos construir proposiciones, automáticamente se generan las proposiciones de la lógica: "Ciertamente hay en nuestras notaciones algo de arbitrario, pero *esto* no es arbitrario: que *una vez* que hemos determinado lo arbitrario, entonces algo diferente tiene necesariamente que acontecer. (Esto se deriva de la *esencia* de la notación)."[28] Esto implica que, para el *Tractatus*, las verdades lógicas **no** son verdades lingüísticas, el resultado de estipulaciones. A este respecto, Wittgenstein hace una afirmación que, hay que admitirlo, puede dar lugar a confusiones. Afirma: "Las proposiciones de la lógica no dicen nada. (Son las proposiciones analíticas)."[29] El problema con esto es que, en la tradición, es precisamente a través de proposiciones analíticas como se ejemplifican las definiciones, las verdades conceptuales, las estipulaciones lingüísticas, de verdad por convención. 'Todo soltero es no casado' es un típico caso de verdad analítica, pero es justamente en este sentido que las proposiciones de la lógica **no** son proposiciones analíticas. Puede ser que el *Tractatus* contenga muchos

---

[28] *Ibid.*, 3.342.

[29] *Ibid.*, 6.11.

pensamientos errados, pero equivocados o no en general tienen sentidos transparentes. El pronunciamiento concerniente a las leyes de la lógica como "proposiciones analíticas" es probablemente el único pronunciamiento equívoco del libro.[30]

Hemos estado describiendo los rasgos más importantes de las verdades de la lógica. Esto que hemos someramente reconstruido es el núcleo de lo que podríamos llamar la 'doctrina de las tautologías'. "Las proposiciones de la lógica", nos dice Wittgenstein, "son tautologías".[31] Ésta es la caracterización general que él ofrece de las verdades necesarias de la lógica. Esta concepción es, como veremos, de implicaciones insospechadas.

Aquí es menester aclarar un punto. Éste concierne tanto a la concepción general de las verdades lógicas como tautologías como a sus métodos de prueba. Naturalmente, la lógica que Wittgenstein toma como modelo es la lógica de Russell, puesto que era la lógica más avanzada de su tiempo. Dejando de lado todo lo específico del sistema russelliano (teoría de tipos, teoría de descripciones, teoría de la no realidad de las clases, etc.), la lógica de Russell se componía, básicamente, del cálculo proposicional y del cálcu-

---

[30] Hay otro *faux-pas* en el libro, del cual me ocupo brevemente en el siguiente capítulo.

[31] *Ibid.*, 6.1.

lo de predicados de primer orden (más, obviamente, la teoría de conjuntos). Ahora bien, la ilusión de Wittgenstein era encontrar una única caracterización válida tanto para proposiciones como '$p \rightarrow p$' como para proposiciones '$(x)\ Fx \rightarrow Fa$'. De acuerdo con él, en ambos casos nos las estamos viendo con tautologías. Sin embargo, aunada a la concepción de las verdades lógicas como tautologías y siendo en ello perfectamente coherente, Wittgenstein aspiraba a hacer ver que en **todos** los contextos lógicos se podrían exhibir las conexiones entre proposiciones de manera puramente mecánica, como era obvio que se podía hacer en el cálculo proposicional. En 1931, sin embargo, A. Church demostró que en el cálculo de predicados no hay procedimientos mecánicos para demostrar la validez de una fórmula (teorema). En él, cualquier demostración tiene que efectuarse vía el recurso a reglas de inferencia. El problema con esto es que introduce una asimetría en el reino de la lógica: hay cierta clase de verdades lógicas cuya validez se puede establecer de manera mecánica y hay otra clase de verdades lógicas con las que eso no es posible. Esto parece indicar que se requieren no una sino al menos **dos** caracterizaciones de la verdad lógica, pero esto obviamente es demasiado problemático. La alternativa podría ser que la lógica fuera imposible de caracterizar.

La verdad es que no es nada fácil determinar **qué** implicaciones tiene para la concepción wittgensteiniana de la lógica el teorema de Church. Por ejemplo, se puede sostener que hay sólo una caracterización de las matemáticas aunque haya distintos métodos de prueba en distintas ramas. ¿Por qué no podría pasar lo mismo con la lógica? Lo que desde la perspectiva de Wittgenstein era esencial era que la verdad de una tautología pudiera establecerse sin tener para ello que recurrir a la experiencia:

> Se puede calcular si una proposición pertenece a la lógica calculando las propiedades lógicas del *símbolo*.
> Y esto es lo que hacemos cuando "probamos" una proposición de la lógica. Pues, sin ocuparnos del sentido y de la referencia, construimos la proposición de la lógica a partir de otras, en concordancia con meras *reglas de* signos.[32]

Si el procedimiento en cuestión es mecánico o no, ello es irrelevante. Lo que ciertamente estaba mal era la ilusión del joven Wittgenstein consistente en imaginar que lo que ya se sabía respecto al modo como se podía proceder en el cálculo de proposiciones podría tarde o temprano extenderse al cálculo de predicados:

---

[32] *Ibid.*, 6.126 (a) (b).

La prueba de una proposición de la lógica consiste en que se le puede obtener a partir de otras proposiciones de la lógica a través de aplicaciones sucesivas de ciertas operaciones que siempre generan a partir de las primeras proposiciones nuevas tautologías. (Pues de una tautología sólo *se sigue* otra tautología).[33]

Lo que podemos decir, por lo tanto, es simplemente que si algo destruyó Church fue **esa** ilusión. Pero lo que el resultado de Church ciertamente no puede afectar es la caracterización misma de la verdad lógica. Como adelantándose a una objeción como a la que ha dado lugar el teorema de Church, Wittgenstein argumenta: "Naturalmente, este modo de mostrar que sus proposiciones son tautológicas no es esencial a la lógica, puesto que ya las proposiciones con las cuales comienza la prueba tienen que mostrar sin prueba alguna que son tautologías."[34] Si esto, como parece, es correcto, podemos deducir que el teorema de Church deja incólume la concepción wittgensteiniana de las verdades de la lógica como tautologías.

Nos hemos conformado ya un mapa con las reflexiones de Wittgenstein sobre diversas facetas del cálculo lógico y de la verdad lógica, pero con ello no

---

[33]  *Ibid.*, 6.126 (c).

[34]  *Ibid.*, 6.126 (d).

cubrimos el horizonte temático de la filosofía wittgensteiniana de la lógica. Para completar nuestro
mapa, tenemos que decir algo sobre las relaciones
entre la lógica, el mundo y la experiencia.

## v) LÓGICA, REALIDAD Y EXPERIENCIA

Parecería que, si no nos hemos equivocado en lo que
hemos afirmado, podemos extraer una conclusión
importante en relación con la naturaleza de la lógica: contrariamente a lo que muchos le han adscrito a
Wittgenstein, para éste, por lo menos en el *Tractatus*,
**la lógica no es meramente lingüística**. Para decirlo
de otro modo, sus verdades no son el resultado de meras convenciones o estipulaciones. No es el caso que es
en virtud del significado atribuido a, digamos, '~', 'V'
y '→', que entonces '$((p \to q) \to (\sim p \lor q))$' es una
tautología. Esa bien podría ser la explicación de los
positivistas lógicos o de filósofos como A. J. Ayer, pero
ciertamente no es la concepción de Wittgenstein. Vimos que la lógica tiene, por así decirlo, dos vertientes:
el lenguaje y el mundo, a su vez internamente conec-
tados el uno con el otro. Lo que Wittgenstein afirma,
por lo tanto, tiene tanto una faceta lingüística como
una ontológica. Esto es así porque lo que la lógica hace
es exhibir las relaciones estructurales que se dan entre

los hechos simples a través de sus expresiones proposicionales. Es por eso que, como dice Wittgenstein, la lógica es el "gran espejo". "¿Cómo puede la omniabarcadora lógica - que refleja el mundo - servirse de garabatos y manipulaciones tan especiales? Sólo porque todos ellos se conectan entre sí en una red infinitamente fina, en el gran espejo."[35] Hay un sentido en que la comprensión de la lógica no es interna a la lógica, puesto que la lógica carece de tema, de contenido. La lógica estructura la realidad y el lenguaje, pero para que eso suceda tiene que haber realidad y lenguaje. "La lógica es *anterior* a cualquier experiencia - que algo es *así*. Es anterior al *cómo*, no al *qué*."[36] O sea, la lógica se manifiesta en los hechos ("cómo"), pero para que haya hechos tiene que haber objetos ("qué"). La posición wittgensteiniana es, pues, declaradamente antiplatonista. La lógica no constituye un universo autocontenido, independiente del mundo y paralelo a él. Si así fuera, las conexiones que nosotros posteriormente estableceríamos serían totalmente arbitrarias y de hecho no podríamos determinar si lo que nosotros llamamos 'verdades lógicas' efectivamente lo son o no. "Y si no fuera así ¿cómo podríamos aplicar la lógica? Podría decirse: si hubiera una lógica, aunque no hubiera también un mundo ¿cómo podría

---

[35] *Ibid.*, 5.511.

[36] *Ibid.*, 5.552 (b).

haber una lógica dado que hay un mundo?"[37] ¿Cómo podríamos, al descubrir el mundo independiente de la lógica, saber cómo se aplican sus leyes?

Ahora sí podemos entender lo que sostiene Wittgenstein cuando afirma que "La 'experiencia' que necesitamos para comprender la lógica no es la de que tal o tal cosa sucede, sino la de que algo *es*: pero eso no es *ninguna* experiencia".[38] La comprensión de la naturaleza de la lógica se logra a través de la comprensión de su aplicación y, por consiguiente, presupone el conocimiento de sus conexiones con la realidad y el lenguaje. Como la lógica, por así decirlo, carece de hechos propios, esto es, no representa nada, no puede haber tal cosa como experiencia de ella. Lo único que podría hacerse sería aludir a algunas de sus presuposiciones y decir cosas como "hay un mundo", "hay objetos", "los objetos se conectan unos con otros", etc., sólo que éstas no son propiamente hablando proposiciones. Lo que las tautologías y sus contrapartes, esto es, las contradicciones, hacen es indicar los límites de la significatividad y, con ello, los límites de la realidad. "La lógica permea el mundo; los límites del mundo son también sus límites."[39] Vemos, pues, que es un error grave atribuirle a Wittgenstein una concepción puramente lingüística de la lógica.

---

[37]   *Ibid.*, 5.5521.

[38]   *Ibid.*, 5.552.

[39]   *Ibid.*, 5.61 (a).

Un último punto que es importante señalar es el siguiente. Tanto Frege como Russell se afanaron por encontrar alguna forma de "justificar" la lógica. Frege pensaba que el carácter obvio de sus verdades era una forma de explicarla: la lógica es esa ciencia cuyas verdades son obvias. Pero aparte de que es evidente que hay un sinnúmero de verdades lógicas que no son obvias, es claro que lo obvio no es una característica de una proposición sino que es más bien la impresión que genera en un hablante una secuencia de signos particular: ésta hace que le resulte obvia. Eso no puede ser un criterio para determinar si una proposición dada pertenece o no a la lógica. La actitud de Wittgenstein hacia la lógica es diferente: para él, la lógica simplemente no requiere de fundamentación ni de justificación de ninguna índole. "La lógica tiene que cuidarse a sí misma."[40] ¿Cómo lo logra? A través de su aplicación a las proposiciones. Aquí tocamos fondo, porque la razón que Wittgenstein ofrece es uno de esos pensamientos que sirven para arrancar secuencias de pensamientos, pero al cual no subyace ningún otro. Me refiero en este caso a la idea de que, dado que el pensamiento es el retrato lógico de la realidad, no es posible pensar ilógicamente, porque la expresión de un pensamiento ilógico es un absurdo, una secuencia ininteligible de signos. El punto

---

[40]  *Ibid.*, 5.473 (a)

de partida de Wittgenstein en este contexto es, pues, simplemente que no es posible pensar ilógicamente el mundo. "Es porque el lenguaje mismo impide todo error lógico que la evidencia, de la que tanto hablaba Russell, se vuelve dispensable en lógica.- El que la lógica sea *a priori* consiste en que no se *puede* pensar ilógicamente."[41] Es, pues, absurdo pretender encontrar una plataforma más básica que la lógica a partir de la cual "fundarla" o justificarla. La idea misma de justificar aquello que justifica a todo es en verdad ininteligible.

Con esto llegamos al final de nuestro veloz recorrido por los dominios de la filosofía de la lógica de Wittgenstein. Quisiera ahora hacer unos cuantos comentarios finales.

## VI) CONCLUSIONES

Como puede fácilmente apreciarse, la filosofía de la lógica del *Tractatus* es una filosofía muy completa. Wittgenstein no divaga ni especula, sino que describe y aclara. Evidentemente, su concepción general no es muy usual, pero ello se debe no a la extravagancia de su pensamiento sino al hecho de que él no contempla

---

[41] *Ibid.*, 5.4731.

la lógica al margen de su utilidad. O sea, a diferencia de lo que pasa con innumerables filósofos de la lógica, muchos de ellos importantes, que reflexionan sobre la ley de identidad o la ley del tercero excluido, Wittgenstein no pierde nunca de vista la aplicación de la lógica. Esto genera cambios importantes respecto a lo que es el cuadro usual. Hay un sentido en el que para Wittgenstein la lógica es en última instancia redundante. La idea es la siguiente: la lógica refleja las conexiones formales que valen entre las proposiciones y la necesitamos porque no tenemos una representación clara de sus formas lógicas. Pero si dispusiéramos de un lenguaje construido estrictamente en concordancia con las reglas de la sintaxis lógica, dichas conexiones se verían automáticamente. En ese caso no tendríamos necesidad de estar haciendo inferencias. Veríamos entonces de inmediato que todas las verdades lógicas son del mismo *status*, que en lógica no hay prioridades (*i.e.*, que la distinción "axioma-teorema" es de carácter puramente práctico). Ésta era la idea que animaba al joven Wittgenstein a pensar que también las verdades del cálculo de predicados podrían en principio ser tratadas en forma mecánica, para lo cual ofrece una explicación de la cuantificación (generalidad) drásticamente diferente de la que ofrecen Frege y Russell. Su reflexión sobre la lógica es tanto global como detallada y, en ese sentido, es única. Es probable que, en última instancia, su programa fracase, pero lo menos que podemos decir es que no hay en el mercado de las ideas una filosofía de la lógica alternativa que esté imbuida de un espíritu igualmente optimista y motivada por una ilusión igualmente intensa de aclaración filosófica.

# V

## MATEMÁTICAS Y CIENCIA

### I) FILOSOFÍA DE LAS MATEMÁTICAS

Al igual que con la lógica, en el *Tractatus* encontramos en relación con las matemáticas pequeños grupos compactos de pensamientos, relativamente fáciles de discernir, pero inmensamente ricos en contenido. Aunque comparativamente es poco lo que Wittgenstein afirma acerca de las matemáticas (aparentemente concentrándose en la aritmética y en los números naturales), el cuadro que elabora es sorprendentemente esclarecedor. Básicamente, lo que se propone y logra es hacer explícitas las relaciones entre las matemáticas y el lenguaje, examina detenidamente las características de las expresiones matemáticas, estudia las relaciones entre las matemáticas y la lógica y ofrece una definición de 'número'. El corolario más importante y polémico de su disquisición muy probablemente sea su rechazo *in toto* del logicismo. No cabe duda de que conocer de primera mano los trabajos y las ideas de quienes probablemente eran los lógicos más importantes de la época, *viz.*, Frege y Russell, fue sumamente benéfico para Wittgenstein, así como el hecho de tener una sólida formación de ingeniero le permitió familiarizarse con el modo de trabajar de los científicos, en especial de los físicos. En verdad, pocas ideas hay tan fructíferas o seminales como su idea de teoría científica como red. Por eso, inclusive si en última instancia su programa filosófico resultara fallido, de todos modos mucho de sus reflexiones sobre las matemáticas y sobre la ciencia seguirían siendo válidas y de un valor permanente.

Aunque desde luego en concordancia con la filosofía de la lógica y del lenguaje delineadas en el *Tractatus*, lo cierto es que mucho de las reflexiones de Wittgenstein sobre las matemáticas y la ciencia, aunque incompletas o fragmentarias, son no sólo vigentes y polémicas, sino también y en gran medida independientes de su filosofía del lenguaje y de la lógica. Sin embargo, yo aquí trataré de destacar algunas de las conexiones que se pueden establecer entre su filosofía de las matemáticas y de la ciencia con otras partes de su pensamiento. En lo que a las matemáticas concierne, el enfoque wittgensteiniano es mucho más afín a los matemáticos que el modo como los lógicos abordan los temas. Es interesante notar, por ejemplo, que la geometría está excluida de las consideraciones de Wittgenstein, dando a entender con ello que no aprobaba el esfuerzo reduccionista de los logicistas por unificar las matemáticas en un todo de carácter piramidal.

Y es en verdad sorprendente que no dijera nada al respecto, sobre todo porque ahora sabemos que tenía muchas y muy importantes cosas que decir en relación con ella.[1]

Daré, pues, inicio a mi reconstrucción de los puntos de vista de Wittgenstein examinando el cuadro general de las matemáticas que nos pinta.

a) *Matemáticas y lenguaje.* Es realmente asombroso cómo, a pesar de estar hundido en las áreas más abstractas del pensamiento, Wittgenstein parece tener siempre los pies bien puestos en la tierra. Lo que con esto quiero decir es que él nunca pierde de vista la conexión entre (en este caso) las matemáticas, la lógica y el lenguaje natural, por una parte, y las matemáticas y su aplicación, por la otra. De hecho, su punto de partida bien podría ser la muy certera constatación de que "En la vida no es nunca una proposición matemática lo que necesitamos. Más bien, empleamos proposiciones matemáticas *únicamente* para inferir de proposiciones que no pertenecen a las matemáticas otras que, de igual modo, tampoco pertenecen

---

[1] En relación con los puntos de vista de Wittgenstein sobre la geometría podría resultar útil mi artículo "Geometría y Experiencia" en mi libro *Filosofía y Matemáticas. Ensayos en torno a Wittgenstein* (México: Plaza y Valdés, 2006).

a las matemáticas".[2] Esto es importante porque de inmediato hace recaer nuestro pensamiento sobre el carácter esencialmente práctico y operacional de las matemáticas. O sea, al igual que con la lógica, que es siempre la lógica **del** lenguaje, las matemáticas son un instrumental simbólico derivado o subordinado al lenguaje natural (y por extensión, a las teorías científicas). No nos interesan, o más aún, no podrían interesarnos las matemáticas *per se* por la sencilla razón de que en matemáticas no se trabaja con proposiciones. Las expresiones matemáticas no son retratos de nada. Por consiguiente, "Las proposiciones de las matemáticas no expresan pensamientos".[3] Esto puede resultar chocante o excitante intelectualmente, según el punto de vista que se adopte, pero en todo caso es de suma importancia, pues rompe con prácticamente todas las escuelas de filosofías de las matemáticas (la formalista incluida). Ahora bien, el que Wittgenstein tenga presente la aplicación de las matemáticas como un elemento crucial al intentar dar cuenta de ellas lo lleva ver en la noción lógica de operación la noción fundamental para explicar el *status* de las matemáticas. Por 'matemáticas' se entiende aquí la teoría de los números, ejemplificada únicamente con el

---

[2] L. Wittgenstein, *Tractatus Logico-Philosophicus* (London: Routledge and Kegan Paul, 1974), 6.211 (a).

[3] *Ibid.*, 6.21.

caso de los números naturales. Que en el *Tractatus* Wittgenstein se concentre en la aritmética significa únicamente que desde su perspectiva la ampliación de su explicación a otras clases de números era una labor esencialmente mecánica. Lo que importaba era comprender lo que son los números naturales y las operaciones aritméticas básicas porque, desde su perspectiva, en relación con la naturaleza de los números no se produce en las matemáticas superiores ningún cambio cualitativo, sino que lo que hay es simplemente un incremento de complejidad de números y operaciones (números irracionales, ecuaciones diferenciales, etc.).

B) *Operaciones y números naturales.* Teniendo en mente simultáneamente tanto el simbolismo matemático como su aplicación, era comprensible que Wittgenstein considerara como la noción pivote para sus aclaraciones la noción lógico-lingüística de operación. Al respecto, lo primero que hay que entender es que una operación no es lo mismo que una función. La razón es obvia: "Una función no puede ser su propio argumento, pero el resultado de una operación sí puede ser su propia base."[4] El tomar una función como un argumento para sí misma es, como se sabe, lo que está en la raíz de las paradojas de la lógica y

---

[4] *Ibid.*, 5.251.

la teoría de conjuntos. Aunque obviamente requeriría mucha elaboración de su parte, la intuición de Wittgenstein del error lógico que se comete cuando éstas se crean es precisamente el considerar como un valor legítimo para una función la función misma y el error consiste en que "Una función no puede ser su propio argumento, puesto que el signo de función contiene ya el prototipo de su propio argumento y no puede contenerse a sí mismo."[5] Una operación, en cambio, sí puede repetirse sobre una misma proposición. Pero ¿qué es una operación? "Una operación es aquello que hay que hacer con una proposición para obtener otra de ella."[6] Aquí se requieren ciertas explicaciones que no están dadas en el texto.

Consideremos la serie de los números naturales. Una vez que tenemos, digamos, el 0, el 1 y el 2, podemos mediante la operación '+ 1' ir incrementando la lista. La operación es una operación repetitiva (recursiva): siempre se hace lo mismo: se añade uno, se añade uno, etc. En esto consiste generar una serie formal. Es obvio que en matemáticas nos las habemos con series formales, aunque obviamente no todas son tan simples como las de la aritmética elemental. Por otra parte, sin embargo, la noción de operación es una noción que se aplica a proposiciones. También

---

[5] *Ibid.*, 3.3333.

[6] *Ibid.*, 5.23.

en el lenguaje generamos series sólo que éstas no son formales. Por ejemplo, yo puedo decir que hay tres objetos, *a*, *b* y *c*, que son rojos. Entonces tengo una proposición como '*a* es rojo', efectúo en ella ciertos cambios y tengo '*b* es rojo' y de nuevo otros cambios y tengo '*c* es rojo'. Puedo entonces tener expresiones como '*Ra* & *Rb* & *Rc*'. O puedo decir que *a es el tío de b*, *b es el tío de c*, *c es el tío de d*, y así indefinidamente. Lo que nos importa es notar que la idea de operación de manera natural nos lleva a la idea de operación sucesiva y de ésta pasamos a la idea de número, puesto que un número no es otra cosa que "el exponente de una operación".[7] Todo esto es relevante para nuestra comprensión de las matemáticas, puesto que en éstas se trabaja con series formales, es decir, se efectúan transiciones recursivas con base en las propiedades formales de las expresiones involucradas.

A la aplicación repetida de una operación a su propio resultado la llamo su 'aplicación sucesiva' ('O'O'O'*a*' es el resultado de la triple aplicación sucesiva de 'O ξ' a '*a*').

En un sentido semejante hablo yo de la aplicación sucesiva de *múltiples* operaciones a un número de proposiciones.[8]

---

[7] *Ibid.*, 6.021.

[8] *Ibid.*, 5.2521.

Esta idea de operación que se repite es la idea de recursión. Wittgenstein atrapa entonces de manera general la idea de operación:

> La forma general de la operación $\Omega$ '($\eta$) es, pues:
> $$[\xi, N(\xi)]'(\eta) (= [\eta, \xi, N, (\xi)])$$
> Ésta es la forma más general de transición de una proposición a otra.[9]

La utilidad de esta definición es que realmente es sólo la idea de operación lo que explica o aclara la idea de número. Aquí quizá valga la pena citar el párrafo completo. Dice Wittgenstein:

> Y de *esta* manera llegamos a los números. Yo defino:
>
> $$x = \Omega^{\circ} \times x \text{ Def. y}$$
> $$\Omega' \Omega^{v} \times x = \Omega^{v+1} x \text{ Def.}$$
>
> De acuerdo con estas reglas, escribimos también la serie
> $$x, \Omega' x, \Omega' \Omega' x, \Omega' \Omega' \Omega' x, \ldots\ldots\ldots$$
> así: $\Omega^{\circ} \times x, \Omega^{\circ+1} \times x, \Omega^{\circ+1+1} \times x, \Omega^{\circ+1+1+1+1} \times x, \ldots\ldots$
> Así, en lugar de '$[x, \xi, \Omega'\xi]$', escribo:
> '$[\Omega^{\circ}, x, \Omega^{v}, x, \Omega^{v+1}, x]$'.

---

[9] *Ibid.*, 6.01.

Y defino:

0 + 1 = 1 Def.

0 + 1 + 1 = 2 Def.

0 + 1 + 1 + 1 = 3 Def.

(y así sucesivamente).[10]

Lo que un número indica es, pues, las veces que se ha efectuado (o que se indica que hay que efectuar) una determinada operación. El 0 indica que no se ha efectuado ninguna operación y el 1 que se efectuó lo que llamamos 'una sola vez'. Esto es importante, porque quiere decir que Wittgenstein no introduce el 0 y el 1 como "indefinibles de las matemáticas" para luego sobre esa base definir el resto de los números naturales inductivamente. El 0 y el 1 también están explicados por la noción de operación. El resto es un procedimiento mecánico que no requiere de intuiciones, adivinanzas, especulaciones, etc. Es muy importante no perder de vista que la explicación de lo que son los números partió de consideraciones acerca de la lógica del lenguaje, porque ello implica que no se puede después ignorar dichas consideraciones y concentrarse exclusivamente en los signos matemáticos para dar cuenta de números y operaciones. El sentido de las expresiones matemáticas está ligado a

---

[10] *Ibid.*, 6.02.

su aplicación y ésta se da en el marco del lenguaje. Por así decirlo, no se habla en matemático, no hay tal lenguaje. Más bien, los así llamados 'lenguajes matemáticos' adquieren sentido (sea el que sea) porque y en la medida en que se integran al lenguaje y le sirven a los hablantes. Dijimos más arriba que Wittgenstein no se ocupa en el *Tractatus* más que de los números naturales. Esto se debe, en parte al menos, a que él está todavía bajo el influjo del prejuicio esencialista, destruido en las *Investigaciones Filosóficas*, de que si empleamos una misma palabra es porque encontramos en todas sus aplicaciones algo en común. Ahora bien, hablamos de números naturales, reales, complejos, imaginarios, transfinitos, etc. Por lo tanto, si damos con la esencia del número ya explicamos todo. Éste es el punto de vista de Wittgenstein en el *Tractatus*:

> El concepto de número no es sino aquello que tienen en común todos los números, la forma general del número.
> El concepto de número es la variable para números.
> Y el concepto de igualdad numérica es la forma general de todas las igualdades numéricas particulares.[11]

Así, con la idea de "no operación" (o punto de partida), de operación y de operación sucesiva se construye la idea general de número:

---

[11] *Ibid.*, 6.022.

La forma general de los números enteros es:

$$[0, \xi, \xi + 1]^{12}$$

El cuadro puede parecer un tanto burdo o simple, pero eso no implica que sea falso. Por otra parte, vale la pena notar que Wittgenstein, de manera casi intuitiva, abre la puerta para una nueva concepción del infinito conectando dicha noción con la idea de operación que se repite indefinidamente. "El concepto de aplicación sucesiva de una operación es equivalente al concepto de 'y así sucesivamente'."[13] O sea, están aquí implícitos tanto el rechazo de la idea de infinito como un número como la sugerencia de que la idea de infinito corresponde a la idea de una operación que se efectúa tantas veces como se quiera.

c) *Matemáticas y lógica.* Lo que hemos expuesto es claramente una concepción que emana de lo que llamamos la 'perspectiva lógica'. En efecto, no se ha hablado de otra cosa que de operaciones, series formales, definiciones, etc. Pero, más en general, ¿qué relación se da entre las matemáticas y la lógica? En abierto desafío a lo que por aquel entonces era el exitoso, arrollador e influyente programa logicista de Russell y Whitehead, Wittgenstein ofrece una descripción al-

---

[12]  *Ibid.*, 6.03.
[13]  *Ibid.*, 5.2523.

ternativa. No hay nada más obtuso que identificar a la lógica con las matemáticas. La lógica se compone de tautologías, las matemáticas de ecuaciones y éstas no son proposiciones en ningún sentido inteligible de la expresión. Desde luego que tiene que haber algo en común a las verdades de la lógica y las ecuaciones de las matemáticas, pero la explicación de sus conexiones no está dada por las traducciones logicistas. La relación es diferente. "Las matemáticas son un método de la lógica."[14] 'Método' sirve aquí para varias cosas. Primero, para excluir intuiciones, percepciones extrasensoriales, inspiraciones y demás en la explicación de la naturaleza de las matemáticas. Es porque somos hablantes, es decir, seres que hemos interiorizado un lenguaje, que sabemos construir proposiciones y que por lo tanto podemos también construir sistemas formales como los matemáticos. Dios no tiene nada que ver aquí. "A la cuestión de si se necesita la intuición para resolver los problemas de las matemáticas se tiene que responder que en este caso el lenguaje mismo suministra la intuición necesaria."[15] Y, segundo, porque en la medida en que ni las matemáticas ni la lógica **dicen** nada, en esa misma medida **muestran** algo. "La lógica del mundo, que las proposiciones de la lógica muestran en las tautologías, la muestran las

[14]  *Ibid.*, 6.234.
[15]  *Ibid.*, 6.233.

matemáticas en las ecuaciones."[16] Esto es importante: como veremos, una ecuación expresa una identidad de significado, la cual está avalada por operaciones formales, las cuales indican que la expresión de un lado del signo '=' es sustituible por la expresión que está del otro lado del signo. Es por eso también que tanto la lógica como las matemáticas son *a priori*. Esto me lleva a un último tema importante del cuadro que en su *Tractatus* Wittgenstein nos pinta de las matemáticas.

D) *Ecuaciones.* Tenemos una idea de cómo se gesta lógicamente (*i.e.*, no como idea en la mente de alguien) el concepto de número y cómo el sentido último de las expresiones matemáticas tiene que provenir de la utilidad que las matemáticas le prestan a los hablantes. Pero ¿cuál es el *status* de las oraciones matemáticas? Las oraciones matemáticas no son proposiciones, no dicen nada, sino que son ecuaciones y el método que se aplica en matemáticas es el de sustitución: se remplazan expresiones que indican lo mismo, pero que tienen diferente multiplicidad lógica y entonces permiten realizar nuevas transiciones. "El método de las matemáticas por el cual éstas generan sus ecuaciones es el método de sustitución. Pues una ecuación

---

[16] *Ibid.*, 6.22.

expresa la sustitutividad de dos expresiones y, a partir de un número de ecuaciones, nosotros transitamos hacia nuevas ecuaciones sustituyendo, en concordancia con las ecuaciones, unas expresiones por otras."[17] Wittgenstein ejemplifica lo que dice demostrando la ecuación '2 + 2 = 4'.[18]

En forma particularmente discreta, Wittgenstein rechaza dos explicaciones del status de las verdades matemáticas, a saber, la versión russelliana de ecuación como tautología y la explicación fregeana en términos de sentido y referencia. Contra lo primero, de manera explícita Wittgenstein se limita a señalar que la teoría de las clases (la teoría de los agregados) "es irrelevante en matemáticas",[19] afirmación que lo pone en conflicto con prácticamente todos los filósofos de las matemáticas (con la posible excepción de J. Hintikka). En el *Tractatus* lo único que ofrece como justificación es que la idea de clase es una noción empírica y que en matemáticas, como en lógica, no hay nada empírico. En contra de Frege, Wittgenstein argumenta que no tiene sentido hablar de mismidad o diferencia de referencias, puesto que si conozco el significado de un nombre, entonces ya sé qué denota. Eso no es algo que tenga que investigar para descu-

---

[17] *Ibid.*, 6.24.

[18] *Ibid.*, 6.241.

[19] *Ibid.*, 6.031.

brir. Si yo sé que '2' significa o denota lo mismo que '1 + 1', entonces yo ya lo sé y no tengo que recurrir a extrañas entidades llamadas 'sentidos' (modos de presentación) para expresar la igualdad. El signo matemático '=' indica simplemente sustitutividad de las expresiones que están a cada uno de los lados del signo. En matemáticas se trabaja con signos, no con sentidos. "Una ecuación tan sólo caracteriza el punto de vista desde el cual considero a ambas expresiones, a saber, el punto de vista de su identidad referencial."[20] Es el signo de igualdad lo que nos induce a pensar que en matemáticas hacemos aseveraciones y, por consiguiente, que enunciamos proposiciones. Pero eso es un error. Lo único que estamos haciendo es indicar que una expresión es equivalente a otra, si bien no son del todo idénticas puesto que unas permiten que se hagan ciertas transiciones que otras no permiten hacer. Al igual que con las tautologías, lo importante de las ecuaciones matemáticas es que su "verdad" se puede establecer enteramente *a priori*. Esto es posible precisamente porque en matemáticas no nos representamos nada o, como dice Wittgenstein, no expresamos pensamientos.

---

[20] *Ibid.*, 6.2323.

E) *Conclusiones.* A pesar de ser sumamente esquemática, por no decir 'programática', la filosofía tractariana de las matemáticas es una pequeña obra maestra. Contiene multitud de sutilezas. Por ejemplo, si bien el concepto de número se explica en términos del concepto de operación sucesiva, la justificación última de las ecuaciones matemáticas es interna a éstas y no se funda en traducciones al lenguaje de las operaciones. Traducciones como las logicistas no cumplen ninguna misión, puesto que en general es más complicado verificar una tautología larguísima que una simple operación aritmética, una multiplicación por ejemplo. Wittgenstein objeta además que el concepto fundamental para los logicistas, esto es, el concepto de clase (o conjunto) es un concepto empírico, lo cual de entrada vicia el proyecto mismo de fundamentación. No pasa lo mismo con el concepto lógico de operación. En este sentido, no sería equivocado sostener que el verdadero logicista es Wittgenstein, el logicista más puro, y no los pioneros del logicismo, Frege y Russell, que eran más bien lógicos teórico-conjuntistas.

## ii) Filosofía de la ciencia

No deja de ser intrigante el hecho de que un aspecto tan original del *Tractatus Logico-Philosophicus* como lo es el constituido por las reflexiones de Wittgenstein sobre la ciencia haya atraído tan poco la atención y el interés de los estudiosos de su pensamiento. En general, los temas que han acaparado los esfuerzos de exégesis y comprensión han sido más bien la (supuesta) ontología formal esbozada al inicio del libro, desde luego la Teoría Pictórica, la naturaleza de la lógica y de la filosofía, en menor medida la filosofía de las matemáticas y, por último, el solipsismo, la ética y el misticismo defendidos por el autor en su obra. Empero, sobre su filosofía de la ciencia se ha escrito poco, tanto proporcional como cuantitativamente. Dicha situación no deja de ser un tanto sorprendente porque, cuando uno se asoma a lo que Wittgenstein tiene que decir sobre la ciencia en general, nos encontramos con una formidable cantidad de ideas originales, convincentes e inclusive, algunas de ellas al menos, no explotadas todavía en el área. En lo que sigue trataré de reconstruir la compleja posición de Wittgenstein *vis á vis* la ciencia en su conjunto, intentando tanto destacar su verdad como resaltar su atractivo.

En verdad, no es exagerado afirmar que las ideas de Wittgenstein sobre la ciencia son como una flora exuberante y exótica. Todo lo que en el *Tractatus* al respecto se afirma es novedoso, interesante y de implicaciones insospechadas. Wittgenstein se pronuncia sobre aspectos tan variados de la ciencia como sus presuposiciones lingüísticas, el *status* de sus teorías, la relación entre el lenguaje teórico y la experiencia y su incapacidad intrínseca de versar sobre lo realmente importante. Afortunadamente, las posiciones wittgensteinianas son susceptibles de ser reconstruidas y estoy convencido de que una vez efectuada dicha reconstrucción podrá fácilmente apreciarse que lo que Wittgenstein sostiene es no sólo sensato, sino profundo.

## a) Teoría pictórica y lenguajes científicos

El *Tractatus*, lo sabemos, es una obra animada en gran medida por impulsos sanamente destructivos. En efecto, en él Wittgenstein se propone no sólo denunciar sino diagnosticar y descartar de una vez por todas lo que él considera que es un lenguaje fraudulento, esto es, el lenguaje "metafísico" o, más en general, el lenguaje filosófico tradicional. Es precisamente su labor de contraste de lo lingüísticamente legítimo con lo espurio lo que lo lleva a exaltar en algunos pasajes particulares del libro al lenguaje científico. Nos dice entonces, por ejemplo, que "La totalidad de las proposiciones verdaderas es el todo de la ciencia natural (o la totalidad de las ciencias naturales)."[21] Si no tomamos en cuenta el hecho de que en las secciones a las que pertenece este pensamiento lo que a Wittgenstein interesa destacar son las diferencias entre el lenguaje genuinamente significativo y el pseudo-lenguaje de la filosofía, no sólo le haremos decir algo falso sino que lo volveremos inclusive contradictorio. Es verdad, por ejemplo, que estoy en la Ciudad de México, pero sería equívoco y francamente inaceptable sostener que esa proposición es una verdad de la ciencia. ¿De qué ciencia estaríamos hablando aquí? Podría tal vez querer sostenerse que, aunque no sea de importancia, de todos modos se trata de una proposición histórica, por ejemplo, así como 'me gusta el té' podría ser vista como una verdad de la psicología. Empero, lo único que con esas formas de hablar estaríamos logrando sería trivializar la idea misma de verdad científica. No tiene mayor caso, por lo tanto, tratar de identificar **todas** las proposiciones verdaderas como proposiciones científicas. Por otra parte, recuérdese que Wittgenstein también afirma que "La totalidad de las proposiciones es el lenguaje"[22] y es de suponerse que dentro del grupo de

---

[21] *Ibid.*, 4.11.

[21] *Ibid.*, 4.001.

las proposiciones verdaderas están las proposiciones verdaderas del lenguaje natural. Se sigue que éste no es idéntico o reducible al lenguaje científico. Lo que desde la perspectiva del *Tractatus* sigue teniendo prioridad es, además por otras razones que más abajo expongo, el lenguaje natural. Así planteadas las cosas, el problema es el siguiente: asumiendo que el lenguaje natural es significativo porque es de carácter pictórico y sólo por ello ¿qué pasa con el lenguaje científico o, mejor dicho, con los lenguajes de las ciencias naturales? ¿Es (o son) del mismo carácter? ¿Acaso son también las proposiciones científicas, en general construidas por medio de una terminología *ad hoc*, retratos de hechos? Parecería que desde el punto de vista del *Tractatus* tendrían que serlo. Sin embargo, a primera vista al menos, las proposiciones científicas, que además son de una gran variedad, no son eso o por lo menos no sólo eso. Es este aparente conflicto de intuiciones lo que trataremos ahora de dilucidar.

B) PRINCIPIOS, TEORÍAS Y LEYES

Es evidente para cualquier lector del *Tractatus* que lo que en dicho libro se afirma sobre los diversos aspectos de la ciencia que en él se consideran son pensamientos que sólo alguien de íntimo trato con el trabajo científico podría haber construido. Para apreciarlos cabalmente, sin embargo, será conveniente, antes de intentar reconstruirlos, decir unas cuantas palabras referentes a lo que era el cuadro general de la ciencia prevaleciente en la época en que Wittgenstein escribía, esto es, previo al surgimiento y desarrollo del positivismo lógico.

Desde la perspectiva tradicional, la función de la ciencia era encontrar las causas de los fenómenos y del cambio. Dada la feroz crítica de Hume a la concepción medieval de causa eficiente, la búsqueda de explicaciones se entendía sobre todo como un esfuerzo por enunciar correlaciones sistemáticas asumiendo que la naturaleza era estable. A las regularidades de la naturaleza se les llamaba 'leyes naturales'. Para detectarlas, el método del que se disponía era básicamente el de inducción. Se asumía que éste era el único método que permitiría elaborar correlaciones sistemáticas entre clases de fenómenos. La idea de correlación sistemática era importante, porque hacía ver que la antigua noción de causa (poder oculto, relación necesaria, etc.) había en efecto quedado desplazada. Las leyes científicas, empero, eran concebidas como "síntesis" de experiencias. La experiencia individual (sensorial) era la piedra de toque de la investigación científica.

En el *Tractatus* Wittgenstein presenta un cuadro un poco más complejo que el recién delineado. En su concepción, por lo que hay que empezar es por indicar que en relación con la ciencia tenemos dos clases de conocimiento:

a) conocimiento *a priori*
b) conocimiento *a posteriori*

Que se hable de conocimiento *a priori* en relación con la ciencia es un tanto extraño. Después de todo, es en las ciencias naturales en donde encarna el conocimiento empírico. ¿Cómo entonces podría haber algo *a priori* en relación con ellas? Podría pensarse que la posición de Wittgenstein es de corte kantiano, pero ello sería un error, aunque quizá algún paralelismo en este sentido podría trazarse. La idea de Wittgenstein es más bien la siguiente: nosotros de alguna manera sabemos (por experiencia) que podemos establecer conexiones más o menos regulares entre eventos, situaciones, fenómenos o hechos. Pero ¿cómo sabemos que ello es factible? ¿Se trata acaso de un conocimiento innato? ¿O más bien de algo que adivinamos? No. Lo que sucede es simplemente que sabemos que ello es algo que nuestro lenguaje en principio permite. Aunque en principio todas las proposiciones son funciones de verdad de ellas, es claro que el lenguaje no opera exclusivamente por medio de proposiciones elementales. Es **eso** lo que sabemos *a priori*. Por otra parte, saber que el establecimiento de conexiones o correlaciones sistemáticas es posible equivale a saber que se pueden ofrecer explicaciones que llamamos 'causales'. Es por eso que, como dice Wittgenstein, "La ley de causalidad no es ninguna ley, sino que es más bien la forma de una ley".[23] Esto es obvio: cómo se establezcan las conexiones en cuestión es algo que sólo podremos determinar empíricamente, a través de ensayos y errores, y dichas conexiones pueden revestir muy variadas formas, pero es su **posibilidad** lo que conocemos *a priori*. De ahí que sea el principio subyacente a esta posibilidad lo que podríamos llamar 'ley de causalidad'. Esto explica por qué, efectivamente, "'Ley de causalidad' es un nombre genérico".[24] En otras palabras, las leyes causales son contingentes y el que las haya es algo que se tiene que hacer ver en la experiencia. "Si hubiera una ley de causalidad, podría correr como sigue: 'hay leyes de la naturaleza'. Pero eso no se puede decir: se muestra."[25] Lo que sí es claro es que no hay leyes causales *a priori*.

Lo anterior explica por qué sería un error atribuirle al *Tractatus* alguna forma de kantismo: el

---

[23] *Ibid.*, 6.32.

[24] *Ibid.*, 6.321.

[25] *Ibid.*, 6.36.

fundamento de nuestra convicción de que podemos construir explicaciones causales de los fenómenos naturales no es de índole psicológico o "mental" sino lógico o, mejor quizá, semántico. Lo que a través de dicha convicción se expresa son no capacidades mentales, sino potencialidades lingüísticas. Es un rasgo del lenguaje el que éste pueda ser empleado de manera que permita establecer conexiones sistemáticas entre fenómenos, agruparlos, generalizar, etc. En ese sentido, podríamos afirmar que el lenguaje está regido por principios regulativos. "Nosotros no *creemos a priori* en una ley de conservación, sino que *conocemos a priori* la posibilidad de una forma lógica."[26] En resumen: las leyes recogen regularidades, pero estas regularidades tienen que ver no con la naturaleza sino con mecanismos internos del lenguaje mismo, con el hecho de que es posible construir proposiciones de determinadas formas lógicas y las formas lógicas no las inventa el hablante: son *a priori*. Así, hablar de leyes es indicar regularidades, pero indicar regularidades es aludir a conexiones que podemos pensar y, por ende, enunciar. Como bien dice Wittgenstein, "sólo son *pensables* conexiones *legaliformes*".[27] La idea ingenua de una conexión esencial entre causa y efecto queda eliminada de una vez por todas. Más

---

[26] *Ibid.*, 6.33.

[27] *Ibid.*, 6.361.

aún: si nos fijamos, están aquí sentadas las bases para lo que pasó a la historia como el 'modelo nomológico-deductivo', atribuido a Hempel y a Popper. Lo que, en efecto, Wittgenstein está diciendo es que en toda explicación científica el recurso a leyes es indispensable. La antigua idea de causación queda, pues, definitivamente descartada. Por otra parte, si alguien pretende establecer una conexión contraria a la clase de conexiones que la ley de causalidad permite lo que dirá será simplemente ininteligible. "Lo que se puede describir también puede ocurrir y lo que la ley de causalidad excluya ni siquiera es descriptible."[28] En resumen, no es gracias a una facultad mental especial que podemos establecer conexiones causales, sino al hecho de que conocemos *a priori* propiedades formales del lenguaje del cual somos usuarios.

Lo anterior se ve reforzado si consideremos el conocimiento *a posteriori*. Éste es el conocimiento propiamente hablando. Lo que, sin embargo, en este punto es menester traer a la memoria es el atomismo lógico defendido en el *Tractatus*. Al igual que con las proposiciones elementales ("De una proposición elemental no se puede inferir ninguna otra"[29]), los hechos simples son totalmente independientes unos de otros, por lo que "De la existencia o no existencia

---

[28] *Ibid.*, 6.362.

[29] *Ibid.*, 5.134.

de un hecho simple no se puede inferir la existencia o no existencia de otro".[30] La implicación inmediata de estos pronunciamientos es que la conexión causal, tal como en la tradición se le había venido concibiendo, es decir, como una especie de poder tal que si se da la causa necesariamente tendría que darse el efecto, es una ficción. Si no lo fuera, de la existencia del efecto podríamos inferir lógicamente la existencia de la causa, pero ello implicaría que las proposiciones elementales no son lógicamente independientes unas de otras. En este punto, Wittgenstein no hace concesiones:

> No podemos inferir acontecimientos futuros a partir de los presentes.
> La creencia en el nexo causal es superstición.[31]

Como puede verse, en este punto convergen diversas líneas de pensamiento.

Por otra parte, aunque no infalibles, las conexiones causales que establecemos son factibles porque nosotros, los usuarios del lenguaje, razonamos de conformidad con ciertos principios. Para el establecimiento de enunciados generales o leyes uno de los métodos al que recurrimos es el de inducción. Como veremos, Wittgenstein no está comprometido con la

---

[30] *Ibid.*, 2.062.
[31] *Ibid.*, 5.1361.

idea de que las hipótesis y las leyes científicas son todas de carácter inductivo, puesto que él también reconoce lo que podríamos llamar 'construcción teórica'. Sobre esto diremos algo más adelante, pero por el momento concentrémonos en la inducción. Ésta toma cuerpo en generalizaciones a las que se llega a partir de la observación de casos particulares en los que determinadas asociaciones quedan establecidas. Lo que la inducción permite aseverar es que, si no hay excepciones, mientras más sean los casos en los que las conexiones se vuelven a producir más probable será que en el caso siguiente si se da uno de los eventos o fenómenos se dé también el otro. La inducción es, pues, un mecanismo asociativo, un principio de economía, propio de nuestra forma natural de pensar. Por eso dice Wittgenstein que "El procedimiento de inducción consiste en que asumimos la ley *más simple* que se pueda hacer concordar con nuestra experiencia".[32] El que así procedamos, desde luego, no es ninguna garantía de nada y es por eso que las generalizaciones inductivas son perfectibles. Así pues, a pesar de su inmensa utilidad el principio de inducción no es un principio lógico. Esto último es además obvio, toda vez que no es una tautología, sino una proposición con sentido. De hecho, podemos en todo momento visualizar una situación diferente de la que por medio de él se ob-

---

[32] *Ibid.*, 6.363.

tiene. Por lo que no queda más que verlo como un principio de orden psicológico. "De ahí que este procedimiento no tenga ninguna fundamentación lógica, sino tan sólo psicológica."[33] Lo que en todo caso ya nos queda claro es que, aunque el mundo carezca del "cemento" causal que a menudo se asume que tiene, ello no implica que lo que llamamos 'conexiones causales' sean imposibles.

Llegamos ahora a lo que Wittgenstein tiene que decir respecto a las teorías científicas. Su posición, hay que decirlo, puede muy fácilmente ser mal entendida o reconstruida, puesto que él no da más que un ejemplo de teoría científica, *viz.*, la mecánica newtoniana, por lo que la generalización al todo de las teorías científicas podría resultar cuestionable. No obstante, su idea es relativamente clara, adaptable y, sobre todo, de una notable originalidad y fuerza explicativa. De acuerdo con él, las teorías científicas son redes o mallas lingüísticas construidas para capturar los hechos del mundo. Las teorías científicas, por lo tanto, no son generalizaciones empíricas, sino constructos teóricos. Por su parte, las redes pueden tener diversos grados de fineza. Qué tan fina sea una red teórica es algo que dependerá de sus "propiedades geométricas", esto es, puramente formales, y ello a su vez del ingenio de los

---

[33] *Ibid.*, 6.3631.

científicos. Por razones obvias, la certeza está ausente en las explicaciones que generan, es decir, no hay tal cosa como la teoría empírica perfecta. El rasgo crucial de dichas redes, por otra parte, es que permiten obtener descripciones completas o totales del universo del cual se ocupan (seres vivos, objetos materiales, etc.). Refiriéndose al caso de la mecánica de Newton, dice Wittgenstein: "La mecánica newtoniana (...) impone a la descripción del mundo una forma unificada."[54] Lo que esto significa es simplemente que una teoría científica abarca un universo determinado de objetos, de manera que no quedan objetos de la misma clase fuera de su alcance. No es el caso que, por ejemplo, una teoría biológica se ocupe de todos los seres vivos salvo, *e.g.*, de los elefantes o de los leones. Nótese además que, al hablar de los "seres vivos", una teoría biológica no habla de entidades particulares. Esto último es obvio: los nombres propios son completamente redundantes en ciencia. "No deberíamos olvidar que la descripción del mundo por medio de la mecánica es siempre completamente general. En ella no se habla nunca, por ejemplo, de puntos materiales *determinados*, sino siempre de puntos materiales *cualesquiera*."[55] Es en este sentido que las explicaciones de la ciencia son unificadas y totales.

---

[54] *Ibid.*, 6.341 (a).

[55] *Ibid.*, 6.3432.

El caso de la mecánica es un caso paradigmático, porque se trata realmente de una teoría científica acabada y permite exhibir de manera conspicua la conexión que hay entre teorías científicas así y la teoría general del lenguaje delineada en el *Tractatus*. Los signos proposicionales, se nos dice, se dividen en genuinos retratos (de hechos posibles), degenerados (tautologías y contradicciones) y absurdos (discurso filosófico). Nuestra pregunta es: ¿cómo encajan las proposiciones de la ciencia con la Teoría Pictórica? El examen de la mecánica clásica indica claramente cómo. Newton se propone, por ejemplo, definir 'cuerpo' y lo hace en términos de propiedades como las de dureza, impenetrabilidad, rigidez e inercia. Con base en ellas se puede después calcular, por ejemplo, la velocidad del movimiento de un objeto material cualquiera. En otras palabras, con base en las definiciones (estipulaciones lingüísticas) que Newton ofrece se puede posteriormente pasar a hacer descripciones de situaciones concretas y a hacer cálculos, esto es, predicciones. Pero hay cosas que no se podrán decir, pues lo que estaríamos diciendo serían o tautologías o contradicciones. Por ejemplo, decir de una silla (que es un cuerpo físico, un objeto material) que es impenetrable es emitir una mera tautología; decir que no es rígida es una contradicción. En cambio, cuando se calcula la velocidad a la que se desplaza o lo que le pasa si le cae una roca, en la medida en que ya se trata de aplicación de definiciones (aunadas a datos debidamente matematizados), lo que se hace es construir retratos de hechos, elaborados por medio de los signos introducidos en las definiciones. En este sentido, las teorías científicas no sólo no son incompatibles con la Teoría Pictórica, sino que ejemplifican lo que ella sostiene. Se ve entonces que las teorías científicas son como una prolongación del lenguaje natural y en la misma medida se ajustan a lo enunciado por la Teoría Pictórica. Esto último tiene implicaciones importantes que más abajo pasaremos a extraer.

Un punto interesante es el concerniente al carácter explicativo de las leyes científicas. Consideremos generalizaciones inductivas del nivel que sea, por ejemplo, el agua hierve a 100 grados sobre el nivel del mar. Se supone que una generalización así enuncia una regularidad natural: en México o en China, a nivel del mar el agua hervirá a 100 grados. En las montañas lo hará a una temperatura diferente. Sin embargo, es claro que esa "ley de la naturaleza" presupone muchas otras. Por ejemplo, presupone que el mercurio es afectado de tal o cual modo por la temperatura, que los objetos físicos son rígidos y por lo tanto que los termómetros no se derriten súbitamente, etc. O sea, una ley de la naturaleza presupone muchas otras y las que presupone a su vez presuponen otras, y así indefinidamente. Pero entonces ¿en dónde o cómo aparece lo explicativo de las leyes de la naturaleza, dado que todas se presuponen unas a otras? Afirma Wittgenstein: "En la raíz de toda la concepción moderna del mundo está la ilusión de que las así llamadas 'leyes de la naturaleza' son las explicaciones de los fenómenos naturales."[36] Pero ¿qué clase de explicación es esa que presupone múltiples otras? Aquí se ve claramente el sesgo instrumentalista de la concepción wittgensteiniana: se comprende mejor lo que es una teoría científica si se le examina desde la perspectiva de su utilidad y de la practicalidad que desde la perspectiva de la explicación y la verdad. Y lo que también queda claro es el distanciamiento de Wittgenstein frente al superficial optimismo al que fácilmente conduce el éxito científico:

> Así, en la actualidad la gente se detiene ante las leyes de la naturaleza como en la Antigüedad se detenía ante Dios y el destino.
> Y en ambos casos tiene y no tiene razón. Con todo, en la Antigüedad se era más claro, en la medida en que se admitía un límite nítido, en tanto que en el nuevo sistema se quiere dar la impresión de que *todo* está explicado.[37]

---

[36] *Ibid.*, 6.371.
[37] *Ibid.*, 6.372.

Los Antiguos intuían que hay límites a las explicaciones; los modernos fijan como límite algo que precisamente carece de ello, esto es, las leyes de la naturaleza.

## c) Ciencia, realidad y valor

Lo que hemos dicho nos proporciona suficientes elementos para ofrecer una caracterización de la posición global de Wittgenstein en relación con la ciencia y no debería sorprendernos el hecho de que resultará imposible subsumirla dentro de una u otra de las grandes interpretaciones que de ella se han ofrecido. Veamos rápidamente por qué.

La concepción de las teorías científicas como redes de inmediato nos hace pensar en una especie de convencionalismo. Así entendidas, las teorías científicas (por los menos las de alto nivel) que, como ya vimos, no son meras generalizaciones inductivas, tampoco podrían simplemente ser vistas como descripciones de la realidad. Más bien, lo que habría que inferir es que son estructuras lingüísticas cuya "verdad" será una función del éxito al que conduzcan en nuestros cálculos y predicciones. Pero el error por evitar en este caso es el de pensar que la realidad **es** como las teorías científicas hacen suponer que es. Que el discurso científico efectivamente sea una colección de retratos, en el sentido de la Teoría Pictórica, no anula el hecho de que es siempre un discurso indirecto sobre el mundo. En este sentido, la filosofía de la ciencia del *Tractatus* no es realista.

Lo anterior no implica, sin embargo, que aunque sea indirectamente la ciencia no nos informe acerca de cómo son los objetos del mundo. Estos objetos, la sustancia del mundo, son las cosas con las que me tropiezo en la experiencia inmediata. Lo que hay es lo que veo, lo que toco, etc. Ese es el material del cual la realidad está hecha. Las teorías científicas, por consiguiente, en la medida en que incorporan términos teóricos, no versan directamente sobre los objetos. Lo que permiten es su manipulación y es a través de ésta, la cual depende de los grados de fineza y corroboración de las diferentes teorías, es decir, de los niveles de éxito a los que conducen, que nos hablan de la realidad. "Así, pues, el que a través de la mecánica newtoniana se pueda describir el mundo no dice nada acerca de él, pero lo que sí dice algo es que se le pueda describir así como de hecho se le describe; y también dice algo sobre el mundo el que se le pueda describir en forma más simple por medio de una mecánica que por medio de otra."[38] Qué nos diga es algo sobre lo que Wittgenstein desafortunadamente no se pronuncia. O sea, la ciencia crea, vía sus definiciones, entidades teóricas, pero a través de ellas a lo que se refiere, aunque sea de manera indirecta u oblicua, es a los objetos de la realidad. "De todos modos, a través de todo su aparato lógico, las leyes de la física hablan de los objetos del mundo."[39] Así se marcan mutuamente los límites del convencionalismo y del realismo en el *Tractatus.*

De no tener claro en qué sentido la ciencia es realista y en qué sentido es convencionalista se corre el riesgo de predicar de la realidad lo que vale sólo para las redes teóricas, y a la inversa. "Leyes como el principio de razón suficiente, etc., versan sobre la red, no sobre lo que la red describe."[40] ¿Qué asevera el principio de razón suficiente? Es un principio de racionalidad: nos dice que en principio hay una explicación para cualquier situación o fenómeno que se produzca, es decir, que no hay hechos o cosas inexplicables. A primera vista, por lo tanto, el principio es un principio a la vez ontológico y epistemológico. Sin embargo, ya vimos que hablar de explicación es aludir a redes teóricas, pero entonces el contenido del principio tiene que referirse en primer término

---

[38] *Ibid.*, 6.342 (b).

[39] *Ibid.*, 6.3431.

[40] *Ibid.*, 6.35 (b).

a las teorías científicas mismas, puesto que éstas son la expresión del carácter explicable de los objetos o de las situaciones. No es que las cosas sean explicables o ininteligibles en sí mismas: más bien, asumimos tácitamente que nuestros simbolismos nos permitirán atraparlas de modo que de manera sistemática podamos establecer correlaciones entre los fenómenos y eso es explicarlos. El principio de razón suficiente es, pues, un principio regulativo del lenguaje: éste muestra que el principio es verdadero en la medida en que permite elaborar descripciones y explicaciones de los hechos. Es sólo por extensión que decimos de los objetos mismos que son "explicables". Las cosas son explicables en la medida en que son pensables y son pensables en la medida en que son descriptibles.

El último punto con cuya consideración quisiera terminar esta brevísima exposición de algunas de las ideas más prominentes del *Tractatus* en torno a la ciencia tiene que ver con el valor que desde la perspectiva de Wittgenstein se le puede conferir a ésta. Nuestra pregunta podría ser: si la ciencia no explica realmente los fenómenos naturales, entonces ¿para qué sirve? La función de la ciencia es fundamentalmente práctica. Lo que gracias a la ciencia se puede hacer es manipular la realidad. La manipulación que permite es la expresión del conocimiento que proporciona. Al mostrar que los objetos pueden ser manipulados más efectivamente de un modo que de otro, la ciencia algo nos dice acerca de la estructura de la realidad. Es evidente que en lo que a manipulación del mundo concierne, la ciencia no sólo puede ser sumamente exitosa sino que lo es cada vez más. No obstante, hay otro sentido en el que sus límites están sellados de antemano. La debilidad esencial de la ciencia es que no es susceptible de abordar ningún tema "importante". "Nosotros sentimos", afirma Wittgenstein, "que inclusive si todas las posibles cuestiones científicas quedaran respondidas, nuestro problema de la vida no habría sido ni siquiera tocado."[41] Todo lo relacionado con la muerte, el sentido de la vida, la vida buena, la obra de arte, etc., son cuestiones que están más allá de cualquier consideración o investigación científica, por excelsa que sea. La razón de ser de esto es que la ciencia cae dentro del reino de lo decible, de lo expresable **en** el lenguaje. En ciencia hay tanto preguntas como respuestas genuinas, en tanto que lo que realmente importa no es algo que se deje apresar en palabras y ello porque en el fondo no apunta a ninguna temática auténtica, claramente delimitable, independientemente de que nuestras inclinaciones nos lleven con fuerza a tratar una y otra vez de formularla. Empero, es obvio que si ya se dijo todo lo que

---

[41] *Ibid.*, 6.52.

se podía decir, cualquier otra pregunta o aseveración que se haga habrá de plasmarse en sinsentidos. Si *per impossibile* dispusiéramos ya de todas las respuestas factuales posibles, no quedaría "ya ninguna nueva pregunta y precisamente esa es la respuesta".[42] La ciencia sólo puede ocuparse de lo que acontece **en** el mundo, que es sin valor, pero no puede decir nada precisamente sobre aquello que le confiere valor a los hechos. En este sentido es totalmente impotente.

d) CONCLUSIONES

Si nuestra veloz reconstrucción de las ideas más prominentes del *Tractatus* referentes a la ciencia no se ha desviado en lo esencial de la verdad, estamos entonces en posición de afirmar que lo que encontramos en esa obra es, si no una filosofía de la ciencia acabada, sí una filosofía de la ciencia rica en intuiciones y, sobre todo, en potencialidades de expansión y desarrollo. En concordancia con la óptica general del libro, Wittgenstein nos da la lógica de la ciencia (empírica), es decir, pone al descubierto algunas de sus presuposiciones básicas, describe su *modus operandi*, llama nuestra atención sobre rasgos fundamentales

---

[42] *Ibid.*, 6.52.

de sus teorías, destaca su peculiar funcionalidad y utilidad, señala con todo rigor sus límites explicativos y
fija su valor. En la concepción de la ciencia que se des-
prende de los pronunciamientos del *Tractatus* quedan además acomodados de manera armónica puntos
de vista realistas, convencionalistas e instrumentalis-
tas. Otro rasgo importante de la posición wittgensteiniana, no abordado en este ensayo, es que integra
en su cuadro a las matemáticas, proporcionando así
una visión global o totalizante de lo que es la empresa
científica. Aunque es cierto que no nos ocupamos de
ellas en este trabajo, podemos afirmar que las matemáticas quedan incorporadas en la descripción de la
labor científica de manera que se exhibe su carácter
operativo. En efecto, las matemáticas son vistas no
como la descripción de una realidad abstracta, eter-
na, inmutable, etc., sino más bien como una especie
de catalizador para las teorías, pues permite que se
hagan transiciones de diversas proposiciones empíricas a otras. Asimismo, Wittgenstein hace ver, a través
de escasos pronunciamientos, que entre los lenguajes
científicos y el lenguaje natural se da una relación
de continuidad y no un corte radical, lo cual haría
incomprensible el *status* de la ciencia, y nos instruye
también respecto a lo que es una labor propia de la
ciencia, *viz.*, la creación conceptual continua. De ahí
que, a manera de conclusión, podamos afirmar que

uno de los grandes méritos de la filosofía de la ciencia del *Tractatus* es que hace de la investigación y las prácticas científicas una empresa inteligible, pues al mostrar cómo se conectan con la vida y el lenguaje humanos se hace automáticamente resaltar su utilidad y racionalidad.

## VI

## Solipsismo y valores

### 1) La perspectiva de la primera persona

N i mucho menos podría decirse que la asunción de una perspectiva filosófica centrada en la primera persona es original de Wittgenstein. Posiciones así fueron asumidas, *inter alia*, por Descartes, Hume y Russell. Pero hay una diferencia inmensa entre los enfoques tradicionales y el de Wittgenstein. En todos los casos conocidos, el tratamiento de la primera persona se convierte en una investigación de carácter introspectivo, con pretensiones de objetividad y hasta de cientificidad. En el caso de Wittgenstein la situación es diferente. Como hemos venido insistiendo, al asumir la perspectiva estrictamente lógica, automáticamente él se ve llevado a descartar toda clase de investigación de orden empírico. Nada que tenga que ver con la "experiencia", en cualquiera de los sentidos filosóficos tradicionales, es aquí relevante. No obstante, dado que hay un sujeto pensante y hablante, que es quien profiere elucidaciones como las plasmadas en el *Tractatus*, hay que dar cuenta de él, pero de modo que no se tengan que hacer dudosas afirmaciones ni sobre lo que supuestamente es ni sobre lo que le pasa. Lo que le pase al sujeto es un asunto que incumbe sólo a él o, en el mejor de los casos, a alguna ciencia particular como la psicología. Pero, una vez más, todo eso es empírico y, por lo tanto, cae fuera del horizonte temático del *Tractatus*. Desde la estricta perspectiva lógica adoptada por Wittgenstein, cuestiones como la comunicación, la interacción, las vivencias, etc., son simplemente temas irrelevantes, carentes de interés para una filosofía fundada y guiada por la lógica. Esto es importante entenderlo: Wittgenstein no está negando que haya otros, que haya historia, un pasado, humanidad, etc. Lo único que afirma es que esos temas no son los de una filosofía tal como él la entiende.

Una pregunta entonces se impone: si la experiencia no es relevante en este estudio, entonces ¿de qué se ocupa Wittgenstein al hablar del "yo" y de temas aledaños? Más que de un examen de los contenidos de la conciencia, la experiencia, etc., lo que Wittgenstein desarrolla es un análisis lógico de la experiencia, esto es, algo así como un estudio de las condiciones necesarias para la posibilidad de la experiencia. Una vez más, aquí el supuesto es que al enunciar Wittgenstein los rasgos lógicos del supuesto sujeto de las experiencias, él asume que lo que vale para él vale para todos y, en esa medida, que él habla por todos, puesto que si cualquier otra persona quisiera ocuparse del mismo tema desde la misma perspectiva, diría exactamente lo mismo que Wittgenstein sostiene. Es por eso que todo lo que tiene que ver con las actividades humanas (afectos, guerras, emociones, etc.) sería en un libro como el *Tractatus* enteramente superfluo.

Sin embargo, la verdadera razón por la que la filosofía del *Tractatus* es, como dije, filosofía en primera persona es que, por sorprendente que pueda parecer, lo que Wittgenstein más está interesado en defender es una variante de solipsismo, una variante que a mí me gusta llamar 'sensata', en contraposición con la "insensata", esto es, la convencional. Por qué creo que esos calificativos son apropiados en ambos casos es algo sobre lo que me pronunciaré cuando aborde este apasionante tema.

Obviamente, se le presentan a Wittgenstein diversos problemas. No sólo es menester eliminar prejuicios y posiciones filosóficas fuertemente arraigados en nosotros, los hablantes, sino que también las elucidaciones que se ofrezcan tienen que embonar con todo lo que hasta ese momento se ha venido sosteniendo y la primera gran dificultad que tiene que enfrentar es la representada por las, así bautizadas por Bertrand Russell, actitudes proposicionales. Veamos rápidamente en qué consiste el problema.

## II) EL PROBLEMA DE LAS ACTITUDES PROPOSICIONALES

Como vimos, un punto de vista fundamental de la filosofía del *Tractatus* lo constituye la convicción de que cualquier lenguaje posible tiene que poder descomponerse en proposiciones elementales y que no hay más que lo que estas proposiciones enuncian. En 2.0201, Wittgenstein presenta el principio del análisis o, si se prefiere, del atomismo semántico: "Los enunciados acerca de complejos pueden descomponerse en enunciados acerca de sus partes y en proposiciones que los describen en forma exhaustiva."[1] Este principio implica que lógicamente no puede haber proposiciones que no sean reducibles a proposiciones elementales. Dicho de otro modo, "Una proposición [*i.e.*, cualquier proposición genuina. ATB] es una función de verdad de proposiciones elementales".[2] Si se encontrara un contraejemplo a este punto de vista, entonces simplemente se derrumbaría toda la filosofía del atomismo lógico, con todo lo que ello entraña. Es comprensible, por lo tanto, que Wittgenstein estuviera dispuesto a dar la más feroz de todas sus batallas para salvar la tesis del carácter veritativo-funcional del lenguaje, puesto que lo que está en juego es ni más ni menos que

---

[1] L. Wittgenstein, *Tractatus Logico-Philosophicus* (London: Routledge and Kegan Paul, 1974), 2.0201.

[2] *Ibid.*, 5.

su concepción de la lógica, del lenguaje y del mundo, así como de las relaciones que mantienen entre sí. Hay *prima facie* varios candidatos a contra-ejemplos, algunos de los cuales son más fáciles de despachar que otros. Éste es el caso de las proposiciones moleculares. Un caso que exige un poco más de concentración es el de los enunciados generales. ¿Cómo es que proposiciones de la forma '$(x)fx$' son funciones de verdad de proposiciones elementales? La respuesta de Wittgenstein está dada, como sabemos, en 5.2 *i passim*. Habría que mencionar también los enunciados de identidad, en relación con los cuales Wittgenstein ofrece una diagnóstico novedoso y revolucionario.[5] Ahora bien, el caso más difícil lo presentan, sin duda alguna, las actitudes proposicionales, esto es, las expresiones de la forma 'yo pienso que *p*', 'yo creo que *p*', etc. ¿Por qué son problemáticas proposiciones de esta forma? La razón salta a la vista: '*p*' puede ser tanto verdadera como falsa, puesto que cualquiera puede creer tanto una verdad como una falsedad. Alguien puede creer, por ejemplo, que Napoleón ganó la batalla de Waterloo y posteriormente leer en un libro de historia que no fue así. Por lo tanto podríamos tener una proposición de la forma 'A cree que p' que se-

---

[5] *Cf.* secciones que van de 5.53 a 5.534. Véase también mi artículo "Wittgenstein: identidad e indiscernibilidad" en mi libro *Lecciones Wittgensteinianas* (Buenos Aires: Grama, 2010).

ría verdadera independientemente del valor de verdad de 'p'. Pero si ello efectivamente fuera así, para Wittgenstein sería catastrófico, puesto que se estaría refutando, en el sentido más estricto de la expresión, su principio de atomicidad lógica y su fundamental convicción referente al carácter veritativo-funcional del lenguaje. El problema, como puede apreciarse, es delicado.

¿Cómo enfrenta Wittgenstein dicho reto? A mi modo de ver, su respuesta es una expresión de la profundidad de su pensamiento, inclusive si en última instancia hubiera que rechazarla. Como era de esperarse, Wittgenstein encara el asunto como lógico, esto es, se desentiende por completo de consideraciones tanto acerca de la naturaleza de los estados mentales como acerca de sus diferentes contenidos, su relación con el cerebro, etc. Su tratamiento es puramente formal y en este caso tiene un sabor claramente reduccionista. Pero veamos cómo plantea él el problema. La dificultad y su solución están dadas en un pequeño grupo de proposiciones que van de 5.541 a 5.5422.

Lo primero que Wittgenstein hace es, como dije, plantear de manera escueta y directa el problema. Veamos cómo:

> A primera vista, parece que una proposición podría entrar en otra de otro modo.

En especial, en ciertas formas proposicionales de
la psicología, como '$A$ cree que $p$ acontece' o '$A$ piensa
$p$', etc.[4]

Ahora bien, un tanto sorpresivamente Wittgenstein
vincula este problema con otro que ciertamente está
implicado por el problema puramente semántico del
carácter de las proposiciones, a saber, el de la posible
existencia de un "sujeto pensante". "Consideradas su-
perficialmente, parece aquí que la proposición $p$ está
en una especie de relación con el objeto $A$."[5] O sea, el
problema que parece preocuparle en primer término
no es el del carácter veritativo-funcional del lenguaje,
sino un problema metafísico aparentemente implicado por una forma proposicional irreductible que no es
de carácter veritativo-funcional. Parecería que, sobre
la base del mero dato lógico de que hay una forma
proposicional última, no analizable, irreductible, etc.,
se tendría inevitablemente que inferir que hay algo
así como un sujeto pensante, es decir, un ego cartesia-

---

[4] L. Wittgenstein, *op. cit.*, 5.541 (a), (b), (c). A mí me parece que
éste es el segundo *faux-pas* que da Wittgenstein en su libro. En
realidad no tiene importancia, pero tampoco está de más señalarlo.
Es el siguiente: si efectivamente la discusión es en primera persona,
entonces Wittgenstein no debería haber usado 'A' sino 'yo'. 'A' podría
ser reemplazado por, digamos 'Juan', pero entonces se introduciría
un elemento de experiencia que no embona del todo con el enfoque
general del libro.

[5] *Loc. cit.*, (d).

no, una sustancia mental, que es la que piensa, cree, desea, etc., que $p$. La verdad es que Wittgenstein va a barrer con los dos problemas de un solo golpe, no sin antes dejar en claro que es a Russell y a Moore a quienes tiene en la mira.[6]

La respuesta de Wittgenstein, célebre por haberle resultado a más de uno simplemente incomprensible, es la siguiente: "Pero es claro, sin embargo, que '$A$ cree que $p$', '$A$ piensa $p$', '$A$ dice $p$', son de la forma' "$p$" dice $p$'. Y aquí se trata no de la coordinación de un hecho con un objeto, sino de la coordinación de hechos a través de la coordinación de sus objetos."[7] ¿Es realmente lo que nos dice aquí Wittgenstein tan insondable, tan elusivo, tan difícil de aprehender como se nos ha querido hacer creer? A mí me parece que no sólo no es así, sino que se trata de un pensamiento particularmente lúcido y transparente, como lo son en general todos los del libro. Intentemos dilucidar qué defiende Wittgenstein.

La explicación de su punto de vista corre como sigue: desde la perspectiva de la teoría lógica del significado (o, quizá sería mejor decir, del sentido), los datos y hechos psicológicos son totalmente irrelevantes. O sea, que yo piense que $p$, dude que $p$, imagine que $p$, deteste que $p$, etc., no altera en nada el conte-

---

[6] Véase *loc. cit.*, (e).

[7] *Op. cit.*, 5.542.

nido semántico de 'p'. Lo que cambia es meramente mi actitud hacia un hecho particular, $p$, pero eso precisamente es un asunto puramente subjetivo. Cómo me posicione yo frente al hecho simple $p$ no altera en nada el contenido de 'p'. Lo que sí importa, en cambio, es el retrato mismo, esto es, 'p'. Cuando yo creo que $p$, digo: 'creo que $p$'; cuando pienso que $p$, digo: 'pienso que $p$'; cuando deseo que $p$, digo: 'deseo que $p$', y así sucesivamente. En todos los casos **digo** que $p$ y eso es lo único que desde el punto de vista de la significación está en juego. Por lo tanto, 'A cree que $p$' está mal analizado como 'hay una cosa extraña, *viz.*, A, que cree que $p$'. El análisis correcto es más bien: 'se expresó que $p$ y esa expresión es (en este caso) la de la creencia de que $p$ es el caso (o, alternativamente, que 'p' es verdadera)'. Pero ¿a qué corresponde esta expresión? Nosotros disponemos ya de los elementos para explicarlo: hay un "pensamiento" (de nuevo: en este caso, una creencia), que es un retrato lógico del hecho $p$ y que se expresa por medio de la oración 'p'. Entre el pensamiento en su modalidad subjetiva de creencia, la oración 'p' y el hecho $p$ se da una y la misma relación de isomorfismo: los elementos mentales del retrato 'p' corresponden a los nombres de la oración elemental 'p' y éstos a su vez a los elementos del hecho simple, $p$. Dicho de otro modo: creer, pensar, negar, etc., siempre son estados particulares, los cuales son expresados por medio de signos proposicionales (retratos).

Lo anterior tiene dos consecuencias de primera importancia. La primera es que el análisis lógico muestra que es sólo aparentemente que las actitudes proposicionales son contraejemplos al punto de vista de que el lenguaje es lógicamente de carácter veritativo-funcional, puesto que afirmar algo de la forma "'p' dice p" no nos hace entrar en conflicto con dicha posición. Signifique lo que signifique, 'p' sólo puede tener un valor de verdad y con eso no hay problema. La "tesis" referente al carácter lógico del lenguaje queda, por lo tanto, resguardada. Pero la segunda consecuencia no es menos importante y consiste en hacer ver que si el análisis suministrado es acertado, entonces cuando hablamos de la mente hablamos no de una entidad ("A"), sino más bien de un conglomerado de estados mentales, reunidos entre sí por diversas clases de conexiones (causales u otras). En palabras de Wittgenstein:

> Esto muestra también que el alma - el sujeto, etc. - como se le concibe en la superficial psicología contemporánea es un absurdo.
> En efecto, un alma compuesta ya no sería un alma.[8]

---

[8] *Ibid.*, 5.5421.

Así, pues, como anuncié, Wittgenstein mata dos pájaros de un tiro: diluye una fuente de potenciales objeciones a su concepción del lenguaje como un cálculo lógico y disuelve el misterioso objeto que tiene creencias, pensamientos y demás. Filosóficamente no es poco el avance.

Quisiera, antes de abordar la temática que lógicamente viene después de esta discusión, examinar rápidamente una cuestión que, en el mejor de los casos, por lo menos es controvertible. Me refiero a la objeción, devastadora si es acertada, que eleva Wittgenstein en contra de la teoría múltiple del juicio propuesta por Russell. Para empezar, habría que señalar que en estos párrafos Wittgenstein eleva objeciones a **dos** teorías de Russell, una de las cuales ya había sido explícitamente repudiada por éste, lo cual explica lo que fue su desconcierto. La primera, que Wittgenstein mismo enuncia, era simplemente la teoría de que cuando alguien juzga algo lo que se da es una relación entre una mente, un sujeto, y una proposición, considerada como un todo, es decir, como una unidad ('p'). Esto, ya lo vimos, no funciona. No obstante, en honor a la verdad habría que decir que el primero en criticar y rechazar dicha teoría fue el propio Russell, sobre todo (mas no únicamente) por las complicaciones que acarrea en relación con las proposiciones negativas y con las proposiciones falsas.

Para evitar esas y otras complicaciones, Russell pro-
puso que se viera en los juicios de la forma 'A cree que
aRb', por ejemplo, juicios en los que valen diversas
relaciones de conocimiento directo entre A y cada uno
de los elementos del complejo 'aRb'. La propuesta de
Russell es interesante y esclarece diversos aspectos del
complejo fenómeno del juzgar, pero aparentemente
está abierta a una objeción fatal: no cancela la posibilidad de que 'aRb' signifique un absurdo que alguien
(A) juzgue (crea, piense, etc.). Objeta Wittgenstein:

> La explicación correcta de la forma de la proposición '*A*
> juzga *p*' tiene que mostrar que es imposible juzgar un
> sinsentido.
> (La teoría de Russell no cumple esta condición).[9]

Nótese que esta segunda objeción ya no está dirigida
en contra de la primera teoría de Russell, sino en
contra de la segunda. Pero dejando de lado las cuestiones históricas, de inmediato nos asalta la duda:
¿por qué una teoría puramente formal del juicio
tendría que tomar en cuenta los contenidos de nuestros juicios, de nuestras proposiciones y garantizar
que no juzgamos (creemos, imaginamos, pensamos,
etc.) un absurdo? ¿Por qué tendríamos que esperar
eso de una teoría abstracta que habla de los juicios

---

[9] *Ibid.*, 5.5422.

en general? No estará de más notar que la objeción que aquí Wittgenstein hace, si fuera válida, también echaría por tierra la doctrina fregeana del sentido y la referencia, porque por razones que brotan de los conceptos fregeanos de nombres y de funciones lo cierto es que Frege no puede evitar considerar como juicios legítimos juicios como 'Creo que Julio César es un número par'. Pero precisamente lo que Wittgenstein está diciendo es que cualquier teoría que permita algo así tiene que estar mal, que una teoría bien fundada del juicio no puede avalar, darle el visto bueno a juicios así. Nuestra pregunta es: ¿es razonable lo que Wittgenstein exige? ¿No es excesiva su exigencia?

Pienso que la razón le asiste a Wittgenstein, si bien ello puede verse sólo si se hacen explícitos ciertos supuestos los cuales, por otra parte, son perfectamente razonables. Por ejemplo, Wittgenstein asume que si uno de hecho usa un nombre en una oración con sentido es porque uno efectivamente conoce el significado de dicho nombre, pero si conoce el significado del nombre entonces, como vimos, tiene que saber en qué clase de combinaciones puede entrar y en cuáles no. Una vez que uno conoce a un objeto, no pueden posteriormente cometerse errores en cuanto a la adscripción absurda de propiedades y relaciones. Si yo efectivamente sé lo que significa 'Napoleón' o 'el primer hombre que pisó la Luna', es porque conozco los objetos *Napoleón* y *El primer hombre que pisó la Luna*, *i.e.*, sus propiedades internas, por lo que no puedo después afirmar o negar de Napoleón o del hombre en cuestión que son números, colores, entidades abstractas o minerales. En eso Wittgenstein parece tener toda la razón, pero ello se vuelve palpable sólo cuando entendemos que él asume que se está hablando de juicios concretos, no de meras formas de juicios, que es con lo que por lo menos Russell parece trabajar. Si en lugar de hablar de 'aRb' decimos 'Napoleón es el vencedor Austerlitz', entonces la posibilidad que Russell y Frege, por sus respectivas teorías, están forzados a admitir simplemente se desvanece. Pero aquí podemos de inmediato anotar dos cosas. Primero, si se hacen las especificaciones suficientes, es decir, si se pasa de un mero esquema explicativo a su aplicación, entonces parecería que la teoría de Russell salva el escollo; o, mejor dicho, si de entrada asumimos que lo que está en juego es un genuino juicio, entonces la teoría de Russell resulta bastante explicativa y aceptable. Y, segundo, queda claro que la Teoría Pictórica no tiene este problema, puesto que de acuerdo con ella para que yo hable significativamente tengo ya que conocer los significados de los nombres involucrados y si realmente los conozco, entonces no puedo equivocarme en el sentido de cometer errores de tipo lógico, categoriales, absurdos.

Desde luego que quedan muchas cosas por explicar, como la naturaleza de los estados mentales y las diferencias que hay entre ellos y que hacen que, por ejemplo, uno sea una creencia y otro un recuerdo; las relaciones entre los pensamientos y sus expresiones lingüísticas; las conexiones que se dan entre los pensamientos mismos de manera que, por ejemplo, uno atrae o genera otro (*e.g.*, yo recuerdo algo y entonces me siento triste), etc. Pero sobre todo está el gran problema de la identidad personal y de cómo se reconstituye lo que todo mundo tomaría como su "yo", así como de las relaciones de éste con el cuerpo (o con el cerebro) y, en verdad, con el mundo. Es de esto último que velozmente pasaremos ahora a ocuparnos.

III) El rechazo del "yo" metafísico

A estas alturas de nuestra exposición difícilmente podría resultar una sorpresa el que se afirmara que Wittgenstein pretende desplegar un ataque definitivo en contra de la metafísica y, más en general, en contra de la filosofía tradicional en su conjunto. Para él, el discurso filosófico es forzosamente un discurso **lógicamente** asignificativo e ininteligible. Pero si las oraciones filosóficas son sinsentidos, entonces también las creencias filosóficas son absurdas, puesto que descansan en incomprensiones de carácter lógico, como por ejemplo la creencia de que hay una sustancia pensante, una mente, un "yo". Nosotros acabamos de ver que el análisis revela *a priori* que dicha creencia es no sólo inservible, puesto que no hay una cosa que piense sino un sinnúmero de estados de pensamiento, sino que además es absurda, puesto que al perder su simplicidad pierde también justamente todas aquellas características que la hacían atractiva (indestructibilidad, eternidad, etc.).

Lo anterior constituye la faceta *a priori* del rechazo wittgensteiniano de la realidad del "yo". Ahora bien, Wittgenstein ataca esta cuestión desde la perspectiva de la experiencia, pero sin entrar en los detalles del análisis introspectivo o fenomenológico. Es sobre la base de un sencillo parangón que él articula un pensamiento por medio del cual se deshace definitivamente de la idea de algo que está dentro nosotros, que es lo que nosotros realmente somos, aunque no tengamos ni la más remota idea de lo que es ( *i.e.*, de lo que realmente somos) y que es lo que realmente piensa, juzga, recuerda, etc. Lo que en este caso Wittgenstein hace es utilizar una metáfora, a saber, la metáfora de la mente o el alma como un ojo para mostrar que los argumentos basados en la introspección están necesariamente destinados al fracaso. A este respecto, quisiera citar a un magnífico poeta español, Antonio Machado, quien, en uno de sus "Proverbios y Cantares", expresa con belleza exactamente lo mismo que Wittgenstein sostiene. Dice Machado:

> El ojo que ves no es
> Ojo porque tú lo veas:
> es ojo porque te ve[10]

*Mutatis mutandis*: el que haya conciencia, percepción, memoria, etc., no autoriza a hablar de algo que "tiene" conciencia, percepción, memoria y demás. Así como la funcionalidad del ojo no le permite a quien ve inferir la existencia de un ojo, así la realidad de los estados mentales no autoriza a inferir la existencia de algo que los tiene. Y justamente es la idea de ojo de la que Wittgenstein se sirve para dar a entender su punto de vista.

> "¿Dónde en el mundo puede señalarse un sujeto metafísico?
> Tu dirás que aquí pasa exactamente lo mismo que con el ojo y el campo visual. Pero en realidad tu *no* ves el ojo.
> Y nada *en el campo visual* permite inferir que es visto por un ojo.

---

[10] A. Machado, *Poesías Completas*. Col. Austra (Madrid: Espasa Calpe, 1973), p. 197.

Pues el campo visual no es de esta forma:

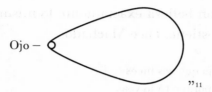

En extraña coincidencia con Hume, Wittgenstein rechaza aquí el que, como una cuestión de experiencia, se pueda encontrar en el examen introspectivo el "yo", el famoso sujeto pensante de la metafísica tradicional. Pero entonces realmente no queda mucho de éste, puesto que ahora queda claro que tanto por consideraciones *a priori* como por consideraciones *a posteriori* su postulación resulta ser totalmente gratuita. No es que se haya demostrado su no existencia, porque para que ello fuera posible se tendría primero que demostrar que la idea de su existencia es legítima e inteligible y es esto precisamente lo que se ha mostrado que no es el caso. La conclusión de Wittgenstein no podría ser más clara y contundente: "No hay tal cosa como el sujeto pensante y que tiene representaciones."[12] Naturalmente, con esta creencia se van muchas otras, de carácter religioso por ejemplo.

---

[11] L. Wittgenstein, *Tractatus*, 5.633-5.6331.

[12] *Ibid.*, 5.631.

Wittgenstein ofrece un poderoso argumento anticartesiano que, en mi opinión, no ha sido explotado como hubiera podido serlo. Lo que él sostiene es que: "Ninguna parte de nuestra experiencia es *a priori*."[13] El argumento es fuerte, porque parece destruir un supuesto fundamental en la línea de pensamiento de quienes hacen suya la creencia en una sustancia mental, a saber, que por lo menos en principio se podría tener experiencia de ella **previamente** a cualquier experiencia (!). Si efectivamente ninguna parte de nuestra experiencia es *a priori*, entonces la idea de un acceso privilegiado a mí mismo que fuera lógicamente independiente de cualquier estado mental particular (percepción, recuerdo, etc.) simplemente no es viable y, por lo tanto, no es de la experiencia de donde podría proceder la creencia en un "yo". La idea del "yo" no está extraída de la experiencia, no es una construcción a partir de datos obtenidos en la experiencia ni una extrapolación a partir de ciertas vivencias. La idea del "yo" emerge de la incomprensión de la lógica del lenguaje de las adscripciones y auto-adscripciones de estados mentales, actitudes proposicionales, procesos psicológicos etc. No hay proposiciones sintéticas *a priori* referentes a ningún aspecto del mundo, el "yo" incluido.

Hemos visto cómo, sobre la base de consideraciones puramente lógicas, Wittgenstein va poco a

---

[13] *Ibid.*, 5.634.

poco desmantelando posiciones filosóficas clave y que aunque éstas pudieran haber sido rechazadas en el pasado, lo cierto es que nunca habían sido cuestionadas en su raíz, es decir, respecto a su inteligibilidad interna. El trabajo de Wittgenstein en este contexto es claramente de carácter anti-mitologizante. Si su ataque es certero, multitud de creencias que lógicamente dependen de las que él critica se desmoronan. Ahora bien, lo interesante del asunto es que, una vez destruido el mito filosófico del "yo", Wittgenstein vuelve a la carga para realizar una extraordinaria defensa del solipsismo. Deseo sostener desde ahora que su posición es perfectamente congruente.

## IV) LA DEFENSA DEL SOLIPSISMO

El punto de partida de Wittgenstein es un reconocimiento *prima facie* extraño si se tiene en mente la anterior discusión. Lo que nos dice es: "Hay realmente un sentido en el que se puede hablar en filosofía de un Yo de un modo no psicológico."[14] O sea, sí hay un sentido de individualidad y de identidad personal que es real, legítimo, incuestionable, sólo que no tiene nada que ver con la noción usual de una sustancia mental

---

[14] *Ibid.*, 5.641(a)

como lo sería el "yo" metafísico. Hay individuos, sujetos, personas, cada uno de ellos representando un "yo",
pero esto no nos compromete con nada metafísico. 'Yo'
no es un nombre, en el sentido relevante. No obstante,
'yo' es muy útil. Lo que las aseveraciones concernientes
al "yo" requieren es, por lo tanto, elucidación, no postulación, mistificación o mitologización.

Para empezar, Wittgenstein hace el extraño se-
ñalamiento de que "El sujeto no pertenece al mundo,
sino que es un límite del mundo."[15] Y esto lo amplía
como sigue: "El Yo filosófico no es el ser humano, ni
el cuerpo humano ni tampoco el alma humana, de la
cual se ocupa la psicología, sino el sujeto metafísico,
el límite del mundo, no una parte de él."[16] Esto sí que
es difícil de dilucidar: ¿qué puede querer decir que el
"yo" es un "límite del mundo"?

La clave para responder a esta pregunta nos la
da el propio Wittgenstein: "Es porque 'el mundo es mi
mundo' que el yo hace su aparición en la filosofía."[17]
Esto es muy importante: nuestro criterio de identidad, lo que nos distingue unos a otros, no es una
incognoscible e incomprensible sustancia espiritual,
sino el hecho de que nuestros respectivos mundos son
diferentes. Obviamente, aquí estamos hablando de

---

[15] *Ibid.*, 5.632.

[16] *Ibid.*, 5.641 (c).

[17] *Ibid.*, 5.641 (b).

"mundos diferentes" en un sentido especial. Lo que tenemos que esclarecer es: ¿qué significa 'mi mundo'? ¿Qué es mi mundo, cómo lo delimito de manera que al delimitarlo me delimite yo mismo, delimite mi "yo" y me distinga así de los demás? La respuesta de Wittgenstein es indirecta, pero clara. Lo que él afirma es que "Que el mundo es *mi* mundo se muestra en que los límites *del* lenguaje (del lenguaje que sólo yo comprendo) denotan los límites de *mi* mundo."[18] Esto exige ser aclarado.

Para empezar, tengo que señalar que la proposición crucial en alemán es la siguiente: *Dass die Welt meine Welt ist, das zeigtsich darin, dass die Grenzen der Sprache (der Sprache, die allein ich verstehe) die Grenzen meiner Welt bedeuten.* La parte del pronunciamiento que más controversia ha causado, lo cual por razones que ahora ofrezco resulta increíble, es la parte que está entre paréntesis. Lo que sucede es que las dos versiones que hay del *Tractatus* al inglés (y por consiguiente, como era de esperarse, las versiones al español) son diferentes. Éstas son:

a) el único lenguaje que yo comprendo
b) el lenguaje que sólo yo comprendo

---

[18] *Ibid.*, 5.62 (c).

La verdad es que la diferencia en las traducciones ha generado mucho más ruido del que ameritaban, pues en el fondo la diferencia entre ellas es meramente gramatical y, por lo tanto, enteramente superficial. Nada depende de la diferencia en la traducción, que es a final de cuentas una mera diferencia de énfasis. Preguntémonos entonces: ¿cuál es ese lenguaje "que sólo yo conozco" o, alternativamente, ese "único lenguaje que yo conozco"? Es obvio que Wittgenstein no puede estar hablando de ningún lenguaje natural en contraposición a algún lenguaje de índole desconocida puesto que, fuera éste el que fuere, no tenemos la menor idea de qué clase de lenguaje se trata. Por otra parte, tampoco puede estar pensando en un lenguaje natural, dado que no podría ser él el único en conocerlo o en comprenderlo, además de que él en principio podría aprender otros idiomas. Por lo tanto, la caracterización que está en juego no tiene que ver con una distinción entre, por ejemplo, lenguajes naturales y lenguajes mentales (subjetivo, privado, etc.) o artificiales. En el libro no hay ninguna alusión a un lenguaje de esa naturaleza. Desde mi perspectiva, lo que Wittgenstein afirma sólo puede entenderse si se comprende y se toma en cuenta la problemática en la que está inmerso, esto es, su peculiar forma de solipsismo. Entonces se aclara cuál es ese "lenguaje que sólo yo comprendo" o, si se prefiere, "el único que len-

guaje que comprendo": es el lenguaje de la primera
persona, el lenguaje de las auto-adscripciones de estados mentales, pensamientos, imágenes y demás. La
verdad es que aquí Wittgenstein parece oscuramente
adelantarse a algunas cosas que dirá a su regreso a la
filosofía, después de 1929. El punto importante es el
siguiente: si bien alguien puede decir de mí con verdad que me duele la cabeza, el hablante **nunca** podrá
expresar exactamente lo mismo que yo cuando digo
que me duele la cabeza. Hay algo que sólo yo comprendo cuando hablo de mis dolores, pensamientos y
demás. Es de eso de lo que habla Wittgenstein y no
importa en lo más mínimo que digamos que se trata de un lenguaje que sólo yo conozco o que se trata
del único lenguaje que yo realmente comprendo. Lo
que importa es entender que mi "yo" llega hasta
donde llega mi lenguaje, esto es, mi lenguaje de
auto-adscripciones. Normalmente, los límites de mi
yo están contingentemente marcados por mi cuerpo,
por la sencilla razón de que normalmente yo no siento dolores en otro cuerpo que no sea el mío, si bien en
principio ello sería perfectamente posible. Yo podría
estar conectado de manera tal con otra persona que
cuando lo pellizcaran fuera yo quien sintiera el dolor.
Esa posibilidad complicaría enormemente nuestra
concepción de la identidad personal, pero no tenemos
por qué ocuparnos de ella puesto que no es el caso.

Mi mundo llega hasta donde puede mi voluntad ejercer su control, hasta donde puedo tener experiencias, pero lo realmente importante en todo esto es que ello lo determina el lenguaje, no el cuerpo. La conexión entre mis experiencias y mi cuerpo es contingente, en tanto que la delimitación de mis experiencias por el lenguaje es necesaria, esto es, está marcada por la lógica y es por lo tanto lo único que nos interesa e incumbe.

Ahora bien, una vez que alcanzo los límites en el horizonte de mis experiencias posibles con lo que me topo es con el mundo. Y aquí es donde podemos trazar la distinción entre el solipsismo insensato de los filósofos tradicionales y el solipsismo sensato del *Tractatus*: el primero está infectado por la absurda noción filosófica de privacidad, en tanto que el segundo no. En ambos casos hablamos de los datos últimos de la conciencia, objetos de la conciencia inmediata, objetos fenomenológicos, pero en la perspectiva filosófica tradicional dichos objetos son entendidos como esencialmente privados e incompartibles. Naturalmente, esta concepción de la experiencia automáticamente genera el problema de cómo podría yo saber no sólo que otros tienen experiencias, sino saber con certeza que otros existen, en verdad, estar seguro de que hay un mundo. Digámoslo rápidamente: no hay solución para este problema en el marco de la filosofía tradicional. Pero lo interesante del asunto es que Wittgenstein defiende la posición solipsista, si bien elude los problemas insolubles del solipsismo tradicional, porque para él los objetos de la experiencia inmediata **son** los objetos de la realidad, es decir, no objetos privados, de acceso privilegiado, etc. Cito: "Aquí se ve cómo el solipsismo, estrictamente desarrollado, coincide con el realismo puro. El Yo del solipsismo se reduce a un punto inextenso y queda la realidad en coordinación con él."[19] Que el solipsismo y el realismo coincidan quiere decir simplemente que los objetos de los que tengo experiencia y que puedo nombrar **son** los objetos de la realidad. Es el acceso lo que es único y expresable en el lenguaje de la primera persona, mas no el contenido. Es a esta variante de solipsismo que califiqué de 'sensata', inclusive si es una posición en última instancia errada.

Estamos ahora en posición de entender la proposición de acuerdo con la cual "El mundo y la vida son lo mismo"[20] y también la muy importante proposición "Yo soy mi mundo. (El microcosmos)".[21] Es claro que lo que Wittgenstein está aquí haciendo es desarrollar la posición solipsista, es decir, tomarla en serio al tiempo que pone al descubierto sus límites porque,

---

[19] *Ibid.*, 5.64.

[20] *Ibid.*, 5.621.

[21] *Ibid.*, 5.63.

lo repito, la variante wittgensteiniana de solipsismo es sensata. Si uso el lenguaje que sólo yo comprendo (¿y cuál otro podría usar?), realmente de lo único que puedo hablar es de lo que me pasa, de aquello de lo que tengo experiencia, de lo que puedo nombrar, etc. Al describir la realidad lo que hago es describir mi vida, pues en realidad no puedo hacer otra cosa. La diferencia con el solipsista o el idealista comunes es que hago simultáneamente las dos cosas. Y aquí aparece el gran supuesto de Wittgenstein en este contexto: dado que yo soy el microcosmos, yo reflejo a través de mi pensamiento y mi lenguaje la lógica del mundo, que es perfectamente objetiva, sólo que lo mismo pasa con exactamente cualquier otro hablante. El mundo es el mundo vivido, pero en éste la noción filosófica de privacidad no tiene cabida y por lo tanto no surgen los problemas de los que no puede salir el filósofo tradicional. Lo que hay de único, incompartible, etc., en lo que podríamos denominar la 'concepción lógica de la experiencia', es la posición particular que cada quien ocupa *vis à vis* el mundo. No podría ser de otra manera. Es en este sentido que yo (o mi "yo") soy (es) un límite del mundo, no una parte de él.

Así pues, el solipsismo debidamente entendido, esto es, como una posición que se deriva de la comprensión de la lógica de nuestro lenguaje, no sólo es defendible sino que es sumamente atractivo. Desde luego que el desarrollo de la posición solipsista que

Wittgenstein elabora está plagado de supuestos que su filosofía de la madurez echará despiadadamente por tierra.[22] Pero en el marco de la filosofía que el *Tractatus* comparte con la filosofía tradicional el solipsismo wittgensteiniano parece no sólo razonable, sino convincente.

## v) El "yo" filosófico y los valores

Me parece digno de ser mencionado que el solipsismo wittgensteiniano es importante no sólo, por así decirlo, "filosóficamente", sino por cuanto se conecta con temáticas que, de uno u otro modo, tienen implicaciones prácticas o vitales. Hemos reconocido dos polos: el "yo" y el mundo o, si se prefiere, el mundo y mi "yo", que es su límite. Con lo que yo me topo es con el mundo. Por decirlo de alguna manera, yo llego hasta donde el mundo empieza y a la inversa. Ahora bien, ya explicamos lo que significa decir que el mundo es mi mundo, por lo que debería quedar claro que hablar del mundo como "mi mundo" no significa que el mundo sea "mío" en algún sentido absurdo y que, por lo tanto, yo pueda hacer con él lo que me venga en gana.

---

[22] En relación con el solipsismo, véase mi trabajo "Wittgenstein y el Solipsismo: análisis, desmantelamiento y superación" en mi libro *Lenguaje y Anti-Metafísica* (México: Plaza y Valdés, 2005), 2ª edición.

Al contrario: Wittgenstein explícitamente reconoce que "El mundo es independiente de mi voluntad".[23] Obviamente, éste es un punto de vista que el solipsista tradicional no podría ni defender ni explicar. Para nuestros propósitos, sin embargo, lo importante es lo siguiente: que el mundo sea **mi** mundo significa que el mundo es "para mí", es decir, que el mundo no me es indiferente y por lo tanto, podemos inferir, es sólo con el "yo" que hacen su aparición las evaluaciones, las preferencias, etc., y, más en general, los valores. Es un concepto inútil y estéril el del mundo como una totalidad que puedo única o básicamente pensar, auto-representarme, describir, etc.[24] Desde la perspectiva del mundo como mío, lo importante de la relación entre el "yo" y el mundo es que la acción se vuelve fundamental. Lo realmente importante es que se puede incidir en él y es al hacerlo que **mostramos** nuestros valores. El mundo en sí mismo es éticamente neutro, es decir, no es ni bueno ni malo, ni bonito ni feo, porque todos los hechos son cualitativamente homogéneos, de la misma calidad, esto es, no tienen valor. El valor (lo valioso, las jerarquías) aparece con el sujeto, con el "yo" (que obviamente, como ya vimos, no es el cuerpo). Los hechos del mun-

---

[23] L. Wittgenstein, *Tractatus*, 6.373.

[24] Un mundo meramente categorizado, como por ejemplo el que delinea P. F. Strawson en su famoso libro *Individuals*.

do son contingentes, puesto que las proposiciones son o verdaderas o falsas, pero lo valioso es lo que es necesariamente. No hay, por lo tanto, un lenguaje para describirlo, puesto que el lenguaje no contiene ni permite la construcción de proposiciones necesarias. De ahí que, sea lo que sea, lo valioso no cae dentro del mundo y evidentemente no tiene el menor sentido hablar de algo como cayendo "fuera" del mundo. Es, pues, sólo con el sujeto evaluador y actuante que los valores hacen su aparición, mas no como formando parte de hechos objetivos, sino como expresando la posición del sujeto frente al mundo. Veamos esto un poco más en detalle.

Tenemos un lenguaje moral, por medio del cual juzgamos y evaluamos acciones y personas, pero no porque dicho lenguaje sirva para describir algún aspecto del mundo sino simplemente porque el mundo, como dije, no me es indiferente. El mundo no es sólo aquello que yo me represento intelectualmente, sino aquello sobre lo cual actúo, aquello que me gusta o me disgusta, que me produce placer o dolor, todo aquello que trato de modificar en función de mis deseos, creencias y demás. La cuestión de cómo sea el mundo es la cuestión de cómo sea éste para mí. Ahora bien, hay que distinguir entre cómo es el mundo en tanto que independiente de mi voluntad, y por ende de mi acción, y cómo es en función de o como resultante

de ella. Aquí el lenguaje moral nos engaña, porque
la moralidad se desdobla o bifurca y dicho lenguaje se vuelve entonces ambiguo. En efecto, podemos
hablar de lo bueno y lo malo desde dos perspectivas
diferentes: desde la perspectiva de los hechos o
desde la perspectiva de las intenciones, la voluntad y
los deseos del sujeto. Los términos morales son, pues,
ambiguos. Hay muchas cosas a las que los humanos
califican como "buenas", pero en esos casos 'bueno' es más o menos sinónimo de 'útil', 'conveniente',
'aprovechable', etc., y claramente apunta a situaciones
perfectamente descriptibles, puesto que son de orden
factual. No es este el sentido moralmente relevante
del vocabulario moral. Hay en cambio un sentido de
'bueno' (y de otros términos morales, como 'correcto',
'virtuoso', etc.), que es el que realmente nos importa, que no apunta a nada nombrable, sino que sirve
únicamente para **expresar** algo, lo que es realmente
importante para el sujeto. De eso, sea lo que sea, no
podemos hablar, porque cada vez que intentamos ponerlo en palabras o enunciamos hechos o emitimos
sinsentidos y en ambos casos se nos escapa. Aquí se
hace sentir con fuerza la doctrina de lo inexpresable
y de los límites de la significatividad: así como el que
sea cierto que no puedo apuntar a algo que sea mi
"yo" no implica que entonces no pueda hablar genuinamente de mi "yo" en un sentido filosófico (*i.e.*,

no psicológico, histórico, etc.), así también el que uno no pueda apuntar a ninguna cualidad moral como un rasgo objetivo de las cosas no significa que no haya algo que yo me esfuerzo por expresar, "algo" que es lo realmente importante y que sistemáticamente fracaso en atrapar lingüísticamente. Ese algo es el valor que adquiere mi vida como resultado de mis decisiones autónomas, lo bueno en un sentido no mundano o social. Hay algo que no podemos pero que a toda costa queremos expresar y es nuestra satisfacción o insatisfacción no factual, esto es, moral. Dado que la bondad moral no es ninguna cualidad ni natural ni no natural de las cosas que pueblan el mundo, se sigue que no puedo enunciar qué es o en qué consiste y esta imposibilidad es una vez más una imposibilidad que la lógica le impone a nuestro lenguaje, no incapacidad verbal de nuestra parte. O sea, dado que el lenguaje moral no incorpora nombres, lo que se dice cuando se evalúa o juzga algo moralmente carece lógicamente de sentido, pero no por ello es un absurdo, porque lo que se quiere expresar es en verdad lo que realmente tiene importancia o valor, sólo que el lenguaje no está diseñado ni funciona para permitir decir eso. La vida moralmente buena es efectivamente la vida feliz, porque es la vida que nos deja satisfechos pero no porque estemos factualmente satisfechos (sexualmente, por ejemplo), sino porque nuestras acciones y por lo tanto nuestra vida es lo que queríamos que fuera en lo que de nosotros dependía. En relación con esto es muy importante distinguir el concepto de satisfacción factual del de satisfacción moral. Nada más lejos de Wittgenstein que el hedonismo y el sibaritismo, por lo que sería un error garrafal hacerle decir que la satisfacción física, social, etc., es la marca de la vida buena. Podemos asegurar que no es eso lo que está diciendo. Más aún: no hay tal marca, porque si la hubiera sería una parte del mundo, sería entonces nombrable y, por lo tanto, sería contingente y entonces no tendría valor *per se*. Si queremos expresar proposicionalmente lo que es valioso en sí mismo, ello sólo lo podemos hacer, por así decirlo, poéticamente. Diremos entonces con el *Tractatus* que el mundo del hombre feliz es un mundo que se ensancha o se ilumina, en tanto que el mundo del inmoral se encoje o se oscurece. Pero buscaríamos en vano una diferencia objetiva entre la vida del hombre moralmente bueno y la vida del hombre moralmente malo. Lo único que podemos decir es que "El mundo del hombre feliz es distinto del mundo del hombre infeliz".[25] Huelga decir que estamos aquí usando 'feliz' e 'infeliz' en un sentido trascendental.

---

[25] *Ibid.*, 6.43 (c).

No hay duda de que la originalidad, la fuerza explicativa y el carácter seductor de la ética solipsista wittgensteiniana permitiría ahondar en el tema: discutir sus corolarios, confrontar los puntos de vista de Wittgenstein con los de Platón, Hume, Kant o Mill, etc., pero intentar algo en ese sentido nos llevaría demasiado lejos de lo que es nuestro tema central, *viz.*, las posiciones fundamentales de ese maravilloso libro que es el *Tractatus*. Ahora bien, el que el libro sea filosóficamente una joya no significa que sea inmune a la crítica, que sea una fortaleza filosófica inexpugnable. Dejando de lado la acerba crítica despegada por Wittgenstein en su *magnum opus*, esto es, las *Investigaciones Filosóficas*, en lo que será nuestro último capítulo veremos que corroe a la filosofía del *Tractatus* una cierta "contradicción" de la cual no se puede librar más que al precio de abandonar sus posiciones más fundamentales. Es sobre este tópico que tenemos ahora que decir unas cuantas palabras.

# VII

# MISTICISMO LÓGICO

## I) RUSSELL Y EL MISTICISMO

Sin duda una de las sentencias más impactantes del *Tractatus* es: "Hay, en verdad, lo inexpresable. Ello *se muestra*; es lo místico."[1] Es éste un pensamiento rico en implicaciones y de una profundidad insólita, pero sobre todo sorprendente por estar inserto en un libro en el que la lógica juega un papel tan decisivo. En general, cualquier no digamos ya apología sino mera expresión de simpatía por el misticismo es automáticamente asociada con oscurantismo, con ignorancia, con pretensiones inválidas de conocimiento, con farsa y he aquí que súbitamente nos topamos con un pensador ajeno a toda clase de prejuicios, dogmas, decálogos o restricciones al pensamiento que de pronto se revela como alguien que reconoce que hay algo de valioso e inclusive de verdad en el misticismo. De hecho, la "conversión" de Wittgenstein tomó de sorpresa a Russell cuando, en 1921, por fin

---

[1] L. Wittgenstein, *Tractatus Logico-Philosophicus* (London: Routledge and Kegan Paul, 1975), 6.522.

pudieron encontrarse en La Haya. En una carta a su amiga Ottoline Morell, Russell le cuenta que quedó "sorprendido cuando encontré que se había vuelto un místico completo".[2] Esto, como veremos, es una descripción que **podría** resultar sumamente equívoca, porque si es cierto que podemos hablar de misticismo en relación con Wittgenstein, también lo es el que se trata de un misticismo muy especial y con muy pocos vínculos con el misticismo tradicional. Por ejemplo, el místico tradicional se presenta como alguien que mantiene alguna clase de comunicación misteriosa con la Divinidad. Pero Wittgenstein en este sentido es contundente y definitivo: "Dios no se revela *en* el mundo."[3] Se tiene, pues, que acuñar alguna expresión que permita distinguir el misticismo tractariano del misticismo común y de hecho, curiosamente, es a Russell mismo a quien se le debe la expresión más apta para ello, a saber, 'misticismo lógico'. En efecto, refiriéndose a la Teoría Pictórica, Russell afirma que Wittgenstein hizo de ella "la base de una especie curiosa de misticismo lógico".[4] La expresión es afortuna-

---

[2]   B. Russell, carta a Lady Ottoline Morell, citado en *Bertrand Russell. The Spirit of Solitude* de R. Monk (London: Jonathan Cape, 1996), 568. Véase mi reseña de este primer volumen de la biografía de Russell por Monk en *International Journal of Philosophical Studies*, vol. 6, núm. 1, 1998.

[3]   L. Wittgenstein, *Tractatus*, 6.432 (b).

[4]   B. Russell, *My Philosophical Development* (London: Allen and

da porque, independientemente de cómo la interprete-
mos, lo cierto es que de inmediato permite marcar una
diferencia fundamental entre las variantes usuales de
misticismo y el misticismo del *Tractatus*. Lo más lejos
que podemos llegar en este terreno es a hablar de "se-
mejanzas de familia" entre modalidades de misticismo.
La de Wittgenstein no es la de inspirados, visionarios y
demás, sino simplemente la de alguien que extrae sistemáticamente las consecuencias de lo que es su concepción de la lógica y del lenguaje.

De hecho, en un célebre artículo, "Mysticism and
Logic",[5] Russell caracteriza lo que él considera que son
las "creencias místicas" por excelencia. De acuerdo con
él, dichas creencias están de uno u otro modo presentes
en todas las formas de misticismo. "La filosofía mística,
en todas las edades y en todas las partes del mundo" —nos
dice— "se caracteriza por ciertas creencias",[6] que de inmediato enumera y que son:

a) la creencia de la superioridad de la intuición
frente a la razón
b) la creencia en la unidad de la realidad
c) la creencia en la irrealidad del tiempo
d) la creencia de que el mal es mera apariencia

---

Unwin, 1969), p. 114.

[5] B. Russell, "Mysticism and Logic" en *Mysticism and Logic and
other Essays* (Allen and Unwin, 1976).

[6] *Ibid.*, p. 14.

Por lo pronto me parece que, independientemente de si se está de acuerdo con Russell en cuanto a su caracterización de la "filosofía mística" o no y que él por cierto contrasta con el misticismo (el cual en su opinión "es, en esencia, un poco más que una cierta intensidad y profundidad de sentimiento respecto a lo que se cree acerca del universo"[7]), podemos señalar varias cosas. Primero, es probable que se puedan rastrear en el *Tractatus* los elementos de la filosofía mística que Russell enumera, pero de entrada podemos estar seguros de que va a ser muy difícil hacerlos coincidir plenamente. Por ejemplo, Wittgenstein admite que hay algo que "se muestra" (la forma lógica de las proposiciones, por ejemplo) y que, de alguna manera es captado por el hablante, pero también rechaza el papel de la intuición, de lo que nos parece "evidente" en lógica. ¿Vale aquí lo que Russell sostiene? En algún sentido, pero ciertamente no como en los casos paradigmáticos de filósofos místicos, como Plotino por ejemplo. O tomemos la creencia en la unidad del mundo: es cierto que Wittgenstein concibe el mundo como una totalidad acabada de hechos simples, pero también lo es que promueve una visión atomista de hechos simples totalmente independientes unos de otros: ¿es esa una visión del mundo como un todo unificado? En cierto sentido sí, en otro no. De manera

---

[7] *Ibid.*, p. 10.

que la creencia que Russell señala como esencial a la filosofía mística está presente en el *Tractatus*, pero no al modo como la encontramos en los escritos de los místicos tradicionalmente aceptados como tales. Por otra parte, de las creencias que Russell enumera que con suficiente seguridad podemos señalar que sí están presentes en el libro de Wittgenstein están la creencia en la irrealidad del tiempo y la creencia en la irrealidad del mal (de los valores en general). De lo que Russell no estaba enterado cuando escribió su artículo (1914) era de la fundamentación wittgensteiniana de dichas creencias. Lo que está en la raíz del misticismo wittgensteiniano son tanto la lógica como el solipsismo que Wittgenstein hace suyo. Así, es sólo en la concepción solipsista que el tiempo se vuelve un "ahora" permanente (lo real es sólo **esto** que estoy viviendo en **este** momento) y, por consiguiente, el tiempo del pasado, el presente y el futuro inevitablemente se desvanece. En este punto, Wittgenstein es de una consistencia pasmosa:

> No podemos comparar ningún proceso con el 'paso del tiempo' - no hay tal cosa - sino sólo con algún otro proceso (como el funcionamiento de un cronómetro).
>
> De ahí que la descripción de procesos temporales sólo sea posible si recurrimos a otro proceso.[8]

---

[8]  L. Wittgenstein, *Tractatus*, 6.3611.

El sistema temporal, como el métrico, es un instrumento de medición para el cambio factual. Asimismo, ya vimos cómo es sólo con el "yo" filosófico que hacen su aparición los valores y que el mundo adquiere valor, pues se vuelve "para mí". Empero, la totalidad de los hechos en sí misma no es ni buena ni mala. Así, pues, en relación con la creencia sobre la irrealidad del tiempo, así como en relación con la de la irrealidad del bien y del mal, Wittgenstein confirma plenamente el diagnóstico russelliano. Pero eso no es todo, porque en realidad lo rebasa. Lo que quiero decir es que hay más elementos en el misticismo lógico de Wittgenstein que en el misticismo emocional de Russell. Por ejemplo, las cuestiones del sentido del mundo y de la existencia de Dios no son siquiera mencionadas por Russell como elementos de toda filosofía mística. Parecería, por lo tanto, que el *Tractatus* hace ver que la caracterización russelliana del misticismo es atinada y útil, pero insuficiente.

En segundo lugar, es imposible no reconocer que la concepción de "lo místico" que encontramos en el *Tractatus* es mucho más esclarecedora y profunda que lo que Russell vagamente sostiene. El misticismo de Wittgenstein es, como dijimos, lógico, en tanto que el de Russell es eminentemente emocional o de carácter o temperamental. La concepción de este último es, pues, muy pobre frente a la que emana de la Teoría Pictórica y la concepción absolutista de la lógica. "La visión del mundo *sub specie aeterni* es su contemplación como un todo - limitado. Sentir el mundo como un todo limitado es lo místico."[9] Así, pues, "ver" y "sentir" el mundo como un todo limitado son lo místico. Pero ¿qué condiciones se tienen que satisfacer para que esa visión y ese sentimiento se den?

Consideremos primero el "ver". Es obvio que cuando en este contexto se habla de "ver" no se está usando el verbo en su sentido literal de percepción sensorial, para la cual se requieren ojos, nervios ópticos y demás. En este contexto, 'ver' significa más o menos algo como 'concebir'. Es claro, por lo tanto, que el asunto de "ver" el mundo como un todo limitado no es un fenómeno de fisiología ni de capacidades de imaginación, sino de lógica. De hecho es en ello que Russell hace consistir a la metafísica, *i.e.*, como "el intento por **concebir** [énfasis mío: ATB] el mundo como un todo por medio del pensamiento".[10] Wittgenstein, ya lo vimos, no pretende ofrecer ninguna descripción concreta de la realidad sólo que, al darnos la lógica de las ontologías, de hecho algo en este sentido logra: tenemos justamente la visión del

---

[9] *Ibid.*, 6.45.

[10] B. Russell, "Mysticism and Logic", p. 9.

mundo *sub specie aeterni*. Aunque no estemos hablando ni de objetos ni de hechos particulares e identificables, lo que sí sabemos es que el mundo tiene que estar compuesto de hechos y de objetos y es precisamente este "cuadro" el instrumento que nos lleva a "ver" el mundo como un todo limitado. Pero, y esto es lo decisivo, la vía para esta "visión" es la aprehensión de la forma general de la proposición. Es a través del estudio lógico del lenguaje como llegamos a la forma general de representación, es decir, a la esencia de la proposición y gracias a ella a la representación abstracta de todo hecho **posible** y, por ende, de la totalidad de los hechos. Esto es así porque representarnos algo de manera totalmente general es auto-representarnos una totalidad, por ejemplo, la totalidad de las proposiciones, pero si ya me represento la totalidad de las proposiciones, entonces puedo concebir también la totalidad de los hechos. Es, pues, vía la lógica del lenguaje como se "ve" o concibe el mundo como un todo limitado, *i.e.*, a través de los rasgos necesarios del lenguaje.

Consideremos ahora el sentimiento místico. Al entender que está por un lado el mundo y por el otro mi voluntad y que el mundo es "para mí", en el sentido de que no es un mero "objeto" de representación sino que es un "objeto" de acción y de evaluación, automáticamente entiendo que el mundo es algo más que una totalidad de hechos, pues al ser para mí se vuelve una totalidad con sentido. Dada la identificación que Wittgenstein hizo del mundo con la vida, queda claro que el sentido del mundo del cual se habla es el sentido solipsista del mundo, el sentido de mi vida. Éste, sin embargo, no pertenece al mundo, sino que se manifiesta en mi vida a través de mi conducta, mis decisiones, mis preferencias. Y aquí es muy importante no confundir "sentido" con "motivaciones", "intenciones", "aspiraciones", etc. El sentido de la vida es un requerimiento de carácter lógico, en tanto que las motivaciones, los proyectos, etc., son estados subjetivos y, por lo tanto, realidades mundanas. El sentido del mundo en un sentido filosóficamente interesante sólo puede serlo de la totalidad, de la vida como un todo y, por consiguiente, es en algún sentido "externo" al mundo. Pero si es externo al mundo es porque no es atrapable en las redes del lenguaje. Por lo tanto, no es expresable. Ahora bien, no por ello es menos real.

En síntesis: tanto por el lado de la lógica del lenguaje como por el flanco de mi confrontación con el mundo, hay algo que se manifiesta y que en principio no puedo enunciar, si bien de todos modos siento la necesidad de intentar expresarlo. No puedo hablar significativamente de la totalidad de los hechos, como si hablara de ellos desde una plataforma externa al mundo, ni del sentido de la vida, que no es algo que pertenezca al mundo como un hecho más. En ambos casos, cuando pretendo hacerlo mi lenguaje deja lógicamente de funcionar, inclusive si sigue funcionando perfectamente bien desde un punto de vista gramatical, poético, etc.

En resumen: ¿qué es aquello que no se deja expresar en palabras pero que, no obstante, es real? ¿Qué es eso que, cuando lo aprehendemos, nos percatamos de que lo aprehendemos y al mismo tiempo de que no podemos enunciarlo? Primero, las propiedades semánticas del lenguaje (el sentido de las proposiciones, la identidad, la forma lógica, etc.) y, en segundo lugar, el sentido del mundo o, si se prefiere, el sentido de la vida. Y es en relación con lo inexpresable que Wittgenstein introduce su "doctrina" de lo que "se muestra". Lo que no se puede decir se muestra. Como él mismo dice: "Lo que *puede* mostrarse no *puede* decirse."[11] El "fenómeno" es de lo más peculiar que pueda haber: percibimos o nos percatamos de algo y al mismo tiempo nos damos cuenta de que no podemos ponerlo en palabras. Lo que hemos dicho coincide, por ejemplo, con lo que sostuviera el Prof. W. D. Hudson en su magnífico libro *Wittgenstein and Religious Belief*: "En el *Tractatus* Wittgenstein argumentó que hay algo que no puede ser puesto en

---

[11] L. Wittgenstein, *Tractatus*, 4.1212.

palabras, pero que de todos modos se *muestra*. Habla de ello como 'trascendental'. Eso que es trascendental resulta tener dos formas o ejemplificaciones a las que me referiré como la 'lógica' y la 'ético-religiosa', respectivamente."[12]

Se ha hablado de la ejemplificación ético-religiosa de lo que no puede ser expresado en el lenguaje, pero sólo cuando vemos a este último desde la plataforma de su funcionamiento lógico y en el capítulo anterior algo dijimos sobre la ética del *Tractatus*, pero no hemos dicho nada acerca de Dios. Por paradójico que suene, desde la perspectiva de Wittgenstein lo más torpe que podría pretender hacerse sería tratar de ofrecer pruebas de la existencia de Dios. Eso sería como pretender ofrecer pruebas de que el mundo tiene sentido. Intentar demostrar la existencia de Dios es buscar **en** el mundo a un objeto que por definición no forma parte de él. Así, hay un sentido en el que el misticismo lógico de Wittgenstein es un misticismo sin Dios, o por lo menos sin lo que en el teísmo clásico se concibe como Dios. Esto pone de relieve cuán equívoco es el acercamiento del misticismo del *Tractatus* al misticismo tradicional. Sencillamente no hay en el primero elementos que pudieran contribuir a una fundamentación o defensa del teísmo, con todo

---

[12] W. Donald Hudson, *Wittgenstein and Religious Belief* (London: the Macmillan Press, 1975), p. 68.

lo que éste entraña (*e.g.*, religiones institucionalizadas). Dios no se manifiesta en el mundo, sino que se revela al modo como lo hace el sentido de nuestras vidas. En ese sentido ciertamente podemos decir que Dios existe y lo que esto quiere decir es que para mí, sujeto de las experiencias y que comprende la lógica de la realidad, el mundo no puede ser una totalidad fría de, digamos, objetos materiales en concatenación. Los requerimientos lógicos del lenguaje y la experiencia no lo permiten.

Son dos las "doctrinas" que vienen juntas y que conforman una cierta unidad: la doctrina de lo místico y la doctrina de lo indecible. Ambas se fundan, en última instancia, en la concepción de la lógica como la plataforma última, como el *medium* universal con referencia al cual se explica todo: la realidad, el lenguaje, el pensamiento, las matemáticas, el conocimiento, el auto-conocimiento, el bien, etc. Es la concepción absolutista y universalista de la lógica lo que está en la raíz del todo de la filosofía del *Tractatus*. En todos esos contextos, la posición de Wittgenstein es interesante porque es claro que él logra hacer aportaciones inmensas en un terreno plagado de tecnicismos. Pero en relación con los temas, llamémosles así, "importantes", todo lo que tiene que ver con lo que tiene un valor, el sentido de la vida, Dios, etc., la aportación de Wittgenstein adquiere una importancia especial, porque muestra claramente que es falso que tenga que haber un conflicto entre la razón y los valores, la lógica y la vida buena, el conocimiento y el arte, la ciencia y la experiencia mística. Una vida realmente bien vivida integra todos esos elementos. Y a la inversa: lo que el *Tractatus* deja en claro es que lo que no es compatible con la lógica, el conocimiento, la vida buena, etc., son la superchería, la farsa y la incomprensión. Si ello es efectivamente así, quisiera terminar este trabajo con una pregunta que constantemente me hago: tomando en cuenta todo lo que hemos sostenido a lo largo de este texto introductorio, a pesar de las dificultades a las que hemos apuntado: ¿hay acaso en la historia de la filosofía algún libro más liberador que el *Tractatus Logico-Philosophicus?*

# VIII

## PARADOJA Y FILOSOFÍA

### 1) EL *TRACTATUS* Y LA FILOSOFÍA

Es claro, por lo que hemos venido exponiendo y por imperfecta que hubiera sido nuestra exposición, que lo que encontramos en el *Tractatus* es un pensamiento sólido, profundo, contundente y brillante. A 90 años de distancia y teniendo detrás medio siglo de exégesis y discusiones acerca de su contenido, no es nada fácil apuntar en él a errores, de la clase que sean: de planteamiento, de formulación, de orden expositivo. Es un reto para el más avezado de los filósofos profesionales señalar en el libro huecos explicativos, intuiciones abiertamente erróneas, inconsistencias flagrantes. De hecho, si estuviéramos examinando un cuerpo de proposiciones filosóficas convencionales, lo que habría que decir es que el contenido del libro constituye un sistema filosófico perfecto, a primera vista por lo menos. Esto último, sin embargo, sería abiertamente equívoco o engañoso, porque independientemente de si podemos caracterizar con suficiente claridad o no la clase de afirmaciones que Wittgenstein hace, de lo que sí podemos estar seguros es de que el *Tractatus* no contiene ninguna "doctrina" filosófica, no toma cuerpo en ningún "sistema filosófico", en el sentido usual de la expresión. Como nos hemos esforzado por dejar en claro a lo largo y ancho de este escrito, en el *Tractatus* simplemente **no hay tesis filosóficas**. Más aún: hasta podría decirse que Wittgenstein le declara la guerra a la filosofía convencional y muy en especial, aunque no únicamente, a la metafísica. Estamos conscientes, sin embargo, de que afirmaciones como estas siempre han dejado perplejos a los lectores del *Tractatus*, porque ¿no es acaso obvio que Wittgenstein se ocupa de temas eminentemente filosóficos y que lo que tiene que decir les parece a los filósofos tradicionales no sólo significativo, sino original, verdadero y convincente? Es evidente, por ejemplo, que el contenido del libro no es científico, que no hay un solo resultado científico en su libro. Parecería seguirse que entonces su campo de investigación forzosamente es la filosofía. Sin embargo, Wittgenstein nunca habría aceptado que lo que él hace es filosofía, en el sentido tradicional de la expresión. Como muy probablemente él sabía bien lo que sostenía, debe de ser factible trazar la distinción entre tesis filosóficas usuales y "elucidaciones" wittgensteinianas. Nuestra misión en este capítulo, por consiguiente, habrá parcialmente de consistir en sacar a la luz y explicar dichas diferencias. Por otra parte, sin embargo, hay una dificultad, quizá letal, que corroe al libro y se trata de una cuestión que está directamente vinculada con el tema de la naturaleza o las peculiaridades de las proposiciones wittgensteinianas. Es, pues, aconsejable, que antes de intentar determinar en qué consiste el avance que con Wittgenstein se efectúa respecto a lo que es nuestra comprensión de la filosofía, rastreemos y tratemos de dar cuenta del único gran problema interno del *Tractatus*, una dificultad que de no ser resuelta constituiría la bancarrota de su filosofía.

## II) LA PARADOJA

Es evidente de suyo que el contenido del libro que aquí nos ha absorbido es, aunque atractivo, polémico y hemos apuntado en diversas ocasiones a lo que podría ser visto como debilidades en él. Pero una cosa es ser cuestionable o debatible y otra estar internamente viciado por alguna clase de tensión o inclusive de contradicción que, en caso de ser real e insuperable, simplemente echaría por tierra todo el hermoso edificio hasta entonces construido. Ahora bien, es interesante observar que el primero en indicar que efectivamente hay un problema así es el propio Wittgenstein. En realidad, él sostiene en su libro dos cosas que son to-

talmente incompatibles y, por lo tanto, resulta imposible no desprenderse de por lo menos una de las dos.
Las afirmaciones en cuestión son:

> 1) "Por otra parte, la *verdad* de los pensamientos aquí
> comunicados me parece intocable y definitiva. Soy, pues,
> de la opinión de que, en lo esencial, los problemas que-
> daron finalmente resueltos."[1]

Y:

> 2) "Mis proposiciones son elucidatorias de este modo:
> quien me comprende termina por reconocer que son
> sinsentidos, si las usó para, a través de ellas, salir de ellas.
> (Por así decirlo, tiene que tirar la escalera después de
> haber subido por ella).
>
> Tiene que superar estas proposiciones y entonces
> ve el mundo correctamente."[2]

Lo que se afirma en el *Prólogo* es transparente, por lo
que no acarrea ningún problema de comprensión,
pero fijémonos un momento en lo que Wittgenstein
está aseverando en 6.54, porque lo que afirma es realmente digno de ser captado en toda su fuerza y con
todas sus implicaciones: nos está diciendo que a pesar

---

[1] L. Wittgenstein, *Tractatus Logico-Philosophicus* (London: Routledge
and Kegan Paul, 1974), "Prólogo".

[2] *Ibid.*, 6.54.

de que son verdaderas, sus proposiciones son sinsentidos, absurdos. Pero esto parece una broma, porque cómo podría un sinsentido ser verdadero, ¿cómo podría un absurdo transmitir un pensamiento verdadero? Si algo es un sinsentido, entonces ya no es ni verdadero ni falso. Aquí hay un problema y serio.

Con una gran agudeza, Russell rápidamente detecta la dificultad en la que se encuentra Wittgenstein y sin mayores ambages lo enuncia en su "Introducción": "Lo que causa el titubeo es el hecho de que, después de todo, el Sr. Wittgenstein se las arregla para decir un buen número de cosas acerca de lo que no se puede decir, sugiriéndole así al lector escéptico el que posiblemente haya una escapatoria a través de una jerarquía de lenguajes, o mediante alguna otra salida. Todo el tema de la ética, por ejemplo, es colocado por el Sr. Wittgenstein en la región mística e inexpresable. No obstante, él resulta capaz de transmitir sus opiniones éticas. Su defensa sería que lo que él llama lo místico se puede mostrar, aunque no se pueda decir. Pudiera ser que esta defensa fuera adecuada pero, por mi parte, confieso que me deja con un cierto sentido de inconformidad intelectual."[3] En lo que al punto fundamental atañe, a saber, que Wittgenstein viola las reglas de la sintaxis lógica que él mismo enuncia, lo que Russell

---

[3] B. Russell, "Introducción" en *Tractatus* (no doy la paginación, dado que mi traducción no ha sido editada).

afirma es simplemente inobjetable, pero en relación con las otras cosas que dice se puede sostener que está totalmente equivocado. No voy a entrar en los detalles de esta discusión, puesto que ello nos llevaría inevitablemente por otros derroteros, pero sí quisiera rápidamente dejar asentado que se puede demostrar que Russell está totalmente equivocado al pensar que la solución a la paradoja del *Tractatus* es algo así como la Teoría de los Tipos, explícitamente repudiada en el libro; y, en segundo lugar, es totalmente falso que Wittgenstein transmita sus "opiniones éticas". Él ciertamente hace aclaraciones acerca de la lógica del lenguaje moral y extrae de ellas algunas consecuencias, pero lo que afirma no son "opiniones éticas". Es muy importante entender que en el fondo a lo que Russell se opone es ante todo a la doctrina de los límites del lenguaje. Sorprendentemente, sin embargo, Russell no parece percatarse de que se trata de una cuestión particularmente compleja y de primera importancia, ni parece tener presente que dicha problemática brotó de la obra de Frege.[4] Más extraño aún, Russell no alude al hecho de que para Wittgenstein dicha problemática se plantea no sólo en relación con la ética y la estética, sino también en relación con la

---

[4] A pesar de haberla examinado críticamente en su obra *Los Principios de las Matemáticas*, en el "Apéndice" dedicado a los escritos lógicos y filosóficos de G. Frege.

filosofía del lenguaje y de la lógica, una filosofía que él mismo parece en gran medida aceptar. Lo que Russell dice, por lo tanto, aunque revela perspicacia no basta para explicar cómo surge el problema y es por eso que lo que propone como "hipótesis", *viz.*, la de una jerarquía de lenguajes, es una propuesta completamente desencaminada. De manera que en relación con el tema del problema interno del *Tractatus*, a saber, el conflicto entre la verdad y el carácter absurdo de sus aseveraciones, Russell no es de gran ayuda.

Planteado de manera brutal, nuestro problema es: a final de cuentas: ¿es el *Tractatus* contradictorio o lo es sólo aparentemente? A mí me parece que el primer paso en la dirección de la resolución del problema consiste en la comprensión de su génesis, es decir, necesitamos un diagnóstico certero de su gestación. La cuestión es: ¿de dónde proviene, cómo y por qué surge el problema? Yo creo que la situación es relativamente clara y simple. El conflicto tiene que ver con las concepciones de la lógica y del lenguaje por las que Wittgenstein aboga. Lo que sucede es que, como hemos visto, Wittgenstein defiende una posición estrictamente universalista de la lógica. De hecho, él expresamente lo dice: "La lógica permea el mundo; los límites del mundo son también sus límites."[5] Esta afirmación por sí sola avala o respalda nuestra inter-

---

[5] L. Wittgenstein, *Tractatus*, 5.61 (a).

pretación global del libro, pero independientemente de ello en lo que tenemos que fijarnos es en las implicaciones de dicho *dictum*. Todo, absolutamente todo, está sometido a las leyes de la lógica, puesto que "todo" es lo que es en la medida en que queda recogido en el lenguaje y el lenguaje está estructurado lógicamente. No hay, pues, nada en lo que podamos pensar que no esté regido por las leyes de la lógica. El problema con esto es que se aplica por igual al lenguaje y eso es un problema porque Wittgenstein aspira mediante sus elucidaciones, que son oraciones del lenguaje natural, a enunciar los requerimientos lógicos del lenguaje (!). El problema radica en que al enunciar dichas leyes automáticamente se les viola. Por lo tanto, lo que Wittgenstein afirma es, de acuerdo con su propia teoría, sencillamente absurdo. Por ejemplo, bien pudiera ser que toda proposición genuina sea un retrato de un hecho posible, pero ¿de qué hecho es un retrato la proposición de que toda proposición es un retrato de un hecho posible? Si dicha ley del lenguaje es válida, entonces afirmar dicha ley tiene lógicamente que ser un sinsentido, puesto que por medio de ella no se está describiendo ningún hecho, ninguna situación, ningún estado de cosas. Por decirlo de alguna manera, ella es un contraejemplo de sí misma. Por lo tanto, no puede ser otra cosa que una pseudo-proposición. Obviamente, las leyes de la sintaxis lógica valen, si valen, para todo lenguaje posible, pero entonces valen también para el lenguaje en el que Wittgenstein las enuncia, sea el que sea. Pero si ello es así, entonces **hay** algo más universal que la lógica misma, a saber, el lenguaje. Y es aquí que surge el problema: algo que supuestamente cae bajo el alcance de la lógica atrapa a la lógica en sus redes. Por consiguiente, o la lógica no es lo más universal que hay (lo cual significa la degradación de la lógica y, por ende, la descomposición de la filosofía del *Tractatus*) o efectivamente lo que Wittgenstein afirma son sinsentidos, pero entonces su potencial verdad se desvanece por completo, puesto que con sinsentidos, por brillantes que sean, no se esclarece nada.

Estoy persuadido de que nuestro diagnóstico, aunque no hayamos rebasado el nivel de un mero esbozo, efectivamente arroja luz sobre la naturaleza de la dificultad, puesto que indica en qué dirección habría que moverse para intentar salir del atolladero. La teoría lógica del lenguaje, esto es, la Teoría Pictórica, puede o no ser falsa, pero lo que en definitiva es erróneo es el orden en las jerarquías. La lección es simple: la lógica no puede ser más amplia o universal que el lenguaje, el cual realmente es el *medium* universal por excelencia. Por consiguiente, se tiene que dar cuenta de ella de otro modo y por lo pronto no tomarla como la plataforma fundamental para todo.

Claramente, fue en esta dirección que se fue moviendo Wittgenstein, para quien la lógica terminó siendo concebida como no otra cosa que una pluralidad de cálculos, perdiendo así su *status* de estructura interna del mundo, del pensamiento y del lenguaje. Naturalmente, un cambio así no podía significar tarde o temprano más que el abandono *in toto* de la filosofía del *Tractatus*, que fue lo que de hecho pasó.

Independientemente de lo anterior, lo que también queda claro es que la vía de solución por la que se adentra Wittgenstein en su libro, a saber, la vía del silencio, es inaceptable. Conocemos y tenemos presente la última proposición del libro, *i.e.*, "Sobre lo que no se puede hablar se debe guardar silencio",[6] pero es evidente que no es guardando silencio como se supera una contradicción o se resuelve un dilema. La estrategia que Wittgenstein propone, y que muchos comentaristas han aceptado, de usar las proposiciones del *Tractatus* y luego desecharlas, es declaradamente ilegítima. Sería como si alguien recomendara cometer un crimen para posteriormente realizar una acción laudable, la cual tendría como efecto que se borrara el carácter criminal de la acción original. Eso sencillamente no es viable. No tiene caso tratar de salvar la teoría lógica del lenguaje inventando una

---

[6] *Ibid.*, 7.

clasificación de sentidos, algunos de los cuales serían elucidatorios en tanto que contrapuestos a los que serían esencial o intrínsecamente absurdos. Esa vía está *a priori* destinada al fracaso.[7] De paso, me parece pertinente señalar que sólo podría defender la estrategia del silencio, de la escalera que tiramos después de haber subido por ella, etc., quien efectivamente haga suya a la Teoría Pictórica. Es sólo en ese caso que tiene sentido dicha defensa. Aquí el problema es que hay muchos filósofos que insisten en defender la doctrina de los sinsentidos elucidatorios y la estrategia del silencio **sin** hacer suya las concepciones de la lógica y del lenguaje que les subyacen. Esto es, si vale la expresión, todavía más absurdo. Por último, es claro que tampoco se resuelve la paradoja del *Tractatus* mediante una teoría de tipos, que es lo que Russell sugiere (algo con lo que lógicos como Zermelo, Tarski y otros habrían estado encantados). La verdad es que la medicina que en este caso se requiere es, por de-

---

[7] F. P. Ramsey, por ejemplo, prácticamente se burla de esta forma de proceder y acusa a Wittgenstein de inconsistencia y de querer silbar lo que no se puede decir. Véase su reseña del *Tractatus* (la segunda, si tomamos la *Introducción* de Russell como la primera), "Review of 'Tractatus'" en *Essays on Wittgenstein's Tractatus*. Editado por I. Copi y R. W. Beard (London: Routledge and Kegan Paul, 1966). Recomiendo también la lectura de mi ensayo "El *Tractatus* y los Límites de la Significatividad" en *Wittgenstein en Español*. Editado por Silvia Rivera y Alejandro Tomasini (Buenos Aires: Universidad Nacional de Lanús, 2009).

cirlo metafóricamente, cirugía mayor, esto es, lo que se necesita es una nueva y completamente diferente concepción de la lógica, del lenguaje y de la realidad, así como de las relaciones que los unen. Muy en especial, lo que tiene que abandonarse por completo y definitivamente es la concepción absolutista y universalista de la lógica. Naturalmente, habrá que esperar a la filosofía del Wittgenstein de la madurez para realmente superar de una vez por todas esta perspectiva así como la insostenible tensión que, derivada de ella, sacude al *Tractatus*.

Está involucrado en toda esta discusión algo que mencionamos al principio de este capítulo, a saber, el decidido distanciamiento que con Wittgenstein se efectúa respecto de la filosofía tradicional. Es evidente que en cualquier reconstrucción seria de las posiciones del *Tractatus* se tiene que proporcionar una aclaración que constituya una explicación alternativa real a la idea de que a final de cuentas lo que él hace es de todos modos filosofía, filosofía *simpliciter*. Por lo pronto ya vimos que por lo menos él se ve a sí mismo haciendo otra cosa que ofreciendo nuevas tesis filosóficas, por sugerentes, seductoras o convincentes que nos parezcan. O sea, Wittgenstein se quejaría de incomprensión total si afirmáramos que de todos modos, a final de cuentas, en última instancia lo que él hace es hacer filosofía, debatir en un mismo plano, al modo usual, con los filósofos tradicionales. Pero la verdad es que Wittgenstein se ve a sí mismo más bien como ofreciendo un diagnóstico preciso de por qué los problemas filosóficos son espurios, meros pseudo-problemas y por consiguiente por qué las discusiones filosóficas son debates sin sentido. Afirma:

> La mayoría de las proposiciones y cuestiones que se han escrito sobre temas filosóficos no son falsas, sino sinsentidos. Por consiguiente, no hay forma de que podamos responder a cuestiones de esta clase, sino solamente señalar su carencia de sentido.
>
> La mayoría de las cuestiones y proposiciones de los filósofos surgen porque no comprendemos la lógica de nuestro lenguaje.
>
> (Es de esta clase de preguntas la de si lo bueno es más o menos idéntico a lo bello).
>
> No hay que sorprenderse de que los problemas más profundos no sean realmente *ningún* problema.[8]

O sea, todos esos excitantes temas, con más de 2500 años de existencia, como la naturaleza del mundo, la esencia del bien, la existencia de Dios, la esencia del conocimiento, la realidad de los números, etc., etc., que han dado lugar a las discusiones más acaloradas y más duraderas, temas casi sacrosantos, no son sino el

---

[8] *Ibid.*, 4.003. Vale la pena notar, *en passant*, la alusión a Moore sobre lo bueno y lo bello como un caso más de discusiones y aseveraciones sin sentido.

resultado de incomprensiones de la lógica de nuestro lenguaje. La explicación de esto, que salta a la vista, es simplemente que las proposiciones filosóficas no son genuinos retratos, es decir, no son auténticas proposiciones. Examinadas desde la perspectiva de la gramática superficial son obviamente inobjetables, pero lógicamente son sinsentidos, puesto que se componen de por lo menos una expresión que carece de significado y que por lo tanto no es un genuino nombre. Por lo tanto, las proposiciones filosóficas, estrictamente hablando, es decir, desde un punto de vista lógico, **no dicen nada**. Pero, dejando de lado por el momento la cuestión de si tiene razón o no, si esto es en efecto lo que Wittgenstein sostiene, lo que de todos modos sí podemos afirmar es que lo más absurdo que podría hacerse sería atribuirle intenciones filosóficas, interpretarlo como produciendo la misma clase de discurso que el de la filosofía convencional. Nosotros nos hemos guardado de incurrir en semejante error. ¿Tiene algún sentido ver en Wittgenstein a alguien que combate la filosofía con más filosofía? Confieso que me rehúso a ver en el *Tractatus* un texto tan abiertamente contradictorio como el que se presupone en una lectura como esa.

Podría pensarse que a estas alturas las diferencias entre las proposiciones filosóficas y las elucidaciones wittgensteinianas nos resultarían ya más o menos comprensibles. Desafortunadamente, el asunto no es tan simple. Así como las tesis filosóficas comunes son aseveraciones que presentan todas las apariencias de las proposiciones cuasi-científicas cuando en realidad no lo son, así también las apariencias pueden engañarnos y hacernos pensar que las elucidaciones tractarianas son proposiciones filosóficas usuales, cuando en realidad son otra cosa, a saber, aclaraciones referentes a la lógica de aquello que se examine (el lenguaje, la realidad, etc.). Esta similitud superficial explica por qué multitud de intérpretes y exégetas de Wittgenstein no han podido evitar leer sus afirmaciones como tesis filosóficas tradicionales, si bien quizá más convincentes o más profundas que las de otros filósofos (más claras, más explicativas, etc.). Nosotros sabemos que esa identificación tiene que ser un error, pero ¿cómo exhibimos la diferencia en cuestión? Es obvio que la diferencia no puede ser de signos, puesto que en ambos casos se usan oraciones normales y gramaticalmente no hay ninguna diferencia esencial entre las oraciones filosóficas estándar y las oraciones del *Tractatus*. La diferencia tiene entonces que provenir de otra clase de consideraciones. No puede ser temática, puesto que en ambos casos se habla de lo mismo (el lenguaje, el mundo, la vida buena, etc.). Empero, la diferencia sí puede estar en los diversos roles proposicionales y en los objetivos que persiguen quienes las formulan. En estos contextos sí se manifiestan las diferencias que valen entre esas dos clases de afirmaciones. Así, por ejemplo, por medio de las proposiciones filosóficas tradicionales se aspira a construir sistemas de verdades referentes a la realidad, a pronunciarse sobre las esencias de las cosas, a proponer osadas hipótesis acerca de temas cerrados a la ciencia, etc., en tanto que por medio de sus elucidaciones Wittgenstein pretende dar expresión a los rasgos lógicos de su tema y a través de dicha enunciación desmantelar los problemas filosóficos que en torno a dicho tema hubieran surgido. En la tradición, las proposiciones filosóficas son tenidas como verdaderas o falsas en el mismo sentido en que pueden serlo las proposiciones científicas, en tanto que las elucidaciones a la Wittgenstein tienen como objetivo mostrar que las proposiciones filosóficas nunca debieron haber sido formuladas, que las tesis filosóficas son sinsentidos y por ende ni siquiera se les puede discutir, dado que no son ni verdaderas ni falsas. Pero además, y esto muy importante, esas diferencias se inscriben dentro de una concepción en la que a la filosofía se le asigna una misión completamente diferente que la que se le reconocía en el pasado. Lejos de constituirse en sistemas de supuestas verdades sobre la mente, la materia, las entidades matemáticas, etc., para Wittgenstein la filosofía no tiene otro objetivo que la aclaración de nuestros pensamientos. Con él la filosofía se vuelve una actividad y deja de ser especulación y teorización pseudocientífica.

> El objetivo de la filosofía es la aclaración lógica del pensamiento. La filosofía no es una doctrina, sino más bien una actividad. Una obra de filosofía se compone esencialmente de elucidaciones. El resultado de la filosofía no son 'proposiciones filosóficas', sino el esclarecimiento de las proposiciones. La filosofía debería aclarar y delimitar con precisión los pensamientos que de otro modo serían oscuros y confusos.[9]

En verdad, la asimilación al discurso filosófico común de las elucidaciones wittgensteinianas revela una confusión mayúscula y una incomprensión total. Dada la tensión interna al *Tractatus*, los problemas implícitos o latentes de su filosofía no podían tardar mucho en aflorar. Así, muy pronto, por así decirlo, le estallaron a Wittgenstein en las manos graves (por no decir 'insolubles') dificultades relacionadas con temas tan variados como las proposiciones atómicas, las proposiciones sobre colores, la idea de forma lógica, la teoría del significado, la naturaleza de los estados mentales, la existencia del "yo" y así indefinidamente. A pasos pero rápidamente, la filosofía

---

[9] L. Wittgenstein, *Tractatus*, 4.112

del *Tractatus* fue quedando desmantelada, descuartizada, hasta que en las *Investigaciones Filosóficas* Wittgenstein acabó por completo con ella. No obstante, hay algo muy importante sobre lo cual es preciso llamar la atención. Por una parte, es cierto que prácticamente el todo de la primera filosofía de Wittgenstein fue destruido por la titánica labor filosófica del así llamado 'segundo Wittgenstein': se dejó de favorecer el enfoque puramente formal del lenguaje en beneficio de uno de carácter praxiológico, se revirtieron las prioridades que de las que había brotado la paradoja del *Tractatus*, se sustituyeron las antiguas categorías ("forma pictórica", "hecho simple", "retrato" y demás) por un conjunto de categorías nuevas ("juegos de lenguaje", "formas de vida", "ver como", "criterio", etc.), se remplazó el método de búsqueda de falta de asignación por el de descripción de la aplicación de las palabras, etc. Sin embargo, por la otra, a pesar de todos esos cambios, y muchos otros que podrían mencionarse, una cosa permaneció incólume: la convicción de que la filosofía tradicional es el resultado de incomprensiones de alguna índole, que se trata de una especie de fraude intelectual, que es una disciplina en última instancia nociva. En su segunda fase, Wittgenstein logró mantener su repudio de las tesis filosóficas, pero sin caer en la paradoja de la que no se había podido librar en el *Tractatus*.

Él, en todo caso, estaba convencido de que su nuevo modo de pensar generaba proposiciones elucidatorias, diferentes de las proposiciones filosóficas comunes, pero no absurdas, como las de su primer libro. Llamó a las suyas 'proposiciones gramaticales'. Esta continuidad de la idea de la filosofía tradicional como algo esencialmente confuso, erróneo e impráctico refuerza nuestra convicción de que la idea de que en el *Tractatus* Wittgenstein hubiera podido estar ofreciendo una ontología, una teoría del lenguaje, una doctrina ética, una concepción de los números, etc., es decir, algo así como un sistema filosófico, en el sentido convencional de la expresión, no puede ser más que el producto de una lectura totalmente errada, de incomprensión total, una de cuyas consecuencias muy probablemente sea impedir que el libro logre su objetivo, que no era otro que el de "dar satisfacción a quien lo leyó comprendiéndolo."[10]

---

[10] *Ibid*, "Prólogo".

# BIBLIOGRAFÍA

Anscombe, G. E. M., *An Introduction to Wittgenstein's Tractatus* (London: Hutchinson University Library, 1971).

Arabi, Oussama, *Wittgenstein. Langage et Ontologie* (Paris: Librairie Philosophique J. Vrin, 1982).

H. Sluga y D. G. Stern (eds.), *The Cambridge Companion to Wittgenstein* (Cambridge: Cambridge University Press, 1996).

Ackermann, R. J., *Wittgenstein's City* (Amherst: The University of Massachussets Press, 1988).

Ayer, A.J., *Ludwig Wittgenstein* (Reading: Penguin Books, 1985).

Black, M., *A Companion to Wittgenstein's 'Tractatus'* (Cambridge: Cambridge University Press, 1964).

Block, I. (ed), *Perspectives on the Philosophy of Wittgenstein* (Oxford: Basil Blackwell, 1981).

Cook, J. W. *Wittgenstein's Metaphysics* (Cambridge: Cambridge University Press, 1994).

Copi, I. M. & Beard, R. W., *Essays on Wittgenstein's Tractatus* (London: Routledge and Kegan Paul, 1966).

Crary, A. y Read, R. (eds.), *The New Wittgenstein* (London/New York: Routledge, 2000).

Diamond, C., *The Realistic Spirit. Wittgenstein, Philosophy and the Mind* (Massachussets: The MIT Press, 1995).

Dilman, Ilham, *Induction and Deduction. A Study in Wittgenstein* (Oxford: Basil Blackwell, 1973).

Fann, K. T., *Wittgenstein's Conception of Philosophy* (Oxford: Basil Blackwell, 1969).

Florez, A., Holguín, M. y Meléndez, R (eds.), *Del Espejo a las Herramientos. Ensayos sobre el pensamiento de Wittgenstein* (Bogotá: Universidad Nacional de Colombia/Pontificia Universidad Javeriana/Siglo del Hombre Editores, 2003).

Fogelin, R., *Wittgenstein* (London/New York: Routledge and Kegan Paul, 1987).

Gaston Granger, G., *Invitation à la Lecture de Wittgenstein* (Aix-en Provence: Alinea, 1990).

Frascolla, P., *Wittgenstein's Philosophy of Mathematics* (London/New York: Routledge, 1994).

Griffin, J., *Wittgenstein's Logical Atomism* (Seattle/London: University of Washington Press, 1964).

Hacker, P. M. S., *Wittgenstein's Place in Twentieth Century Analytic Philosophy* (Oxford: Basil Blackwell, 1996).

Haller, R., *Questions on Wittgenstein* (London: Routledge, 1988).

————— (ed.), *Grazer Philosophische Studien*. Vol. 33/334 (Amsterdam/Atlanta: Rodopi, 1989).

Hintikka, M. & J., *Investigating Wittgenstein* (Oxford: Basil Blackwell, 1986).

Hintikka, J., *Ludwig Wittgenstein: Half-Truths and One-and-a-Half-Truths* (Dordrecht, Boston/London: Kluwer Academic Publishers, 1996).

Hottois, G., *La Philosophie du Langage de Ludwig Wittgenstein* (Bruxelles: Éditions de l'Université de Bruxelles, 1976).

Hudson, W. D., *Wittgenstein and Religious Belief* (London: The Macmillan Free Press, 1975).

Kenny, A., *Wittgenstein* (Great Britain: Penguin Books, 1973).

Klemke, E. D. (ed.), *Essays on Wittgenstein* (Urbana/Chicago/London: University of Illinois Press, 1971).

Landini, G., *Wittgenstein's Apprenticeship with Russell* (New York: Cambridge University Press, 2007).

Le Roy Finch, H., *Wittgenstein - The Early Philosophy. An Exposition of the "Tractatus"* (New York: Humanities Press, 1971).

Malcolm, N., *Nothing is Hidden. Wittgenstein's Criticism of his Early Thought* (Oxford: Basil Blackwell, 1986).

Maslow, A., *A Study in Wittgenstein's* Tractatus (Berkeley/Los Angeles: University of California Press, 1961).

McGuinn, M., *Elucidating the* Tractatus. *Wittgenstein's Early Philosophy of Logic and Language* (Oxford: Clarendon Press, 2006).

McGuinness, B. F., *Approaches to Wittgenstein* (London/New York: Routledge, 2002).

Morrison, J. C., *Meaning and Truth in Wittgenstein's* Tractatus (The Hague/Paris: Mouton, 1968).

Mounce, H. O., *Wittgenstein's* Tractatus. *An Introduction* (Oxford: Basil Blackwell, 1981).

Padilla Gálvez, J., *Wittgenstein I. Lecturas tractarianas* (Madrid: Plaza y Valdés, 2009).

Pears, D., *Wittgenstein* (Glasgow: Fontana/Collins, 1981)

——— *The False Prison*. Vol. 1 (Oxford: Clarendon Press, 1987).

Phillips, D. L., *Wittgenstein and Scientific Knowledge* (Great Britain: The Macmilla Press, 1977).

Pitcher, G., *The Philosophy of Wittgenstein* (New Jersey: Prentice-Hall, 1964).

Reck, E. H. (ed.), *From Frege to Wittgenstein. Perspectives on Early Analytic Philosophy* (Oxford: Oxford University Press, 2002).

Rhees, R., *Discussions of Wittgenstein* (London: Routledge and Kegan Paul, 1970).

Schulte, J., *Wittgenstein. An Introduction* (New York: State University of New York Press, 1992).

_____ & Sundholm, G., (eds.), *Criss-Crossing a Philosophical Landscape. Essays on Wittgensteinian Themes. Dedicated to Brian McGuinness* (Amsterdam: Rodopi, 1992).

Stenius, E., *Wittgenstein's Tractatus. A Critical Exposition of its Main Lines of Thought* (Oxford: Basil Blackwell, 1964).

Stoll, Avrum, *Wittgenstein* (Oxford: Oneworld Publications, 2002).

Tomasini Bassols, A. *Estudios sobre las Filosofías de Wittgenstein* (México: Plaza y Valdés, 2003).

_____ *Lecciones Wittgensteinianas* (Buenos Aires: Grama, 2010).

Vesey, G. (ed.), *Understanding Wittgenstein* (Edinburgh: The Macmillan Press, 1974).

Wich, P. (ed.), *Studies in the Philosophy of Wittgenstein* (London: Routledge and Kegan Paul, 1969).

Wright, G. H. von, *Wittgenstein* (Oxford: Basil Blackwell, 1982).